1900–1901

FROM KASHMIR
TO KASHGAR

主编：巫新华

西域游历丛书

01

从克什米尔
到喀什噶尔

SIR AUREL STEIN

[英] 奥雷尔·斯坦因 著

方晶 译

GUANGXI NORMAL UNIVERSITY PRESS

广西师范大学出版社

·桂林·

从克什米尔到喀什噶尔

CONG KESHIMI'ER DAO KASHIGA'ER

图书在版编目（CIP）数据

从克什米尔到喀什噶尔 / （英）奥雷尔·斯坦因著；
方晶译. —桂林：广西师范大学出版社，2020.4（2023.9 重印）
（西域游历丛书）
ISBN 978-7-5598-2711-1

Ⅰ. ①从… Ⅱ. ①奥…②方… Ⅲ. ①斯坦因（Stein, Aurel
1862-1943）—考古—西域 Ⅳ. ①K872.4

中国版本图书馆 CIP 数据核字（2020）第 047841 号

广西师范大学出版社出版发行

(广西桂林市五里店路 9 号　邮政编码：541004)
(网址：http://www.bbtpress.com)
出版人：黄轩庄
全国新华书店经销
广西广大印务有限责任公司印刷
（桂林市临桂区秧塘工业园西城大道北侧广西师范大学出版社
集团有限公司创意产业园内　邮政编码：541199）
开本：787 mm × 1 092 mm　1/32
印张：6.625　字数：150 千
2020 年 4 月第 1 版　2023 年 9 月第 3 次印刷
印数：10 001~12 000 册　定价：46.00 元
如发现印装质量问题，影响阅读，请与出版社发行部门联系调换。

出版说明

1900—1901年、1906—1908年、1913—1916年，英籍匈牙利人奥雷尔·斯坦因先后到我国新疆及河西地区进行考古探险，并先后出版了这三次考古报告：《古代和田——中国新疆考古发掘的详细报告》《西域考古图记》《亚洲腹地考古图记》。这三部著作是斯坦因的代表作，较全面地记述了我国新疆汉唐时期的遗迹和遗物，以及敦煌石窟宝藏与千佛洞佛教艺术，揭开了该地区古代文明面貌和中西文明交流融合的神秘面纱。此外，斯坦因还详细描述了深居亚洲腹地的中国新疆和河西地区的自然环境，以及山川、大漠、戈壁、雅丹、盐壳等地貌的种种奇妙景观。斯坦因的著作为人们打开了此前"未知世界"的大门，当时在国际上引起了巨大轰动，西方列强的学者们对此垂涎欲滴，纷至沓来，形形色色的探险家也紧随其后，蜂拥而至。

斯坦因的这三次考古探险活动，足迹遍布塔里木盆地、吐鲁番盆地和天山以北东部地区，所到之处，几乎盗掘了我国汉唐时期所有重要的古遗址和遗迹，对遗址和遗迹造成了严重破坏，所出文物也几乎被席卷一空，并运往英属印度和英国本土。此外，斯坦因在河西敦煌以及内蒙古额济纳旗黑城等地也进行了大肆的盗掘和劫掠，其中尤以对敦煌石窟宝藏的劫掠最为臭名昭著。可以说，在20世纪30年代之前，斯坦因是我国西部地区古遗址最大的盗掘者和破坏者，是劫掠中国古代文物的第一大盗。斯坦因的上述著作是西方列强侵犯我国主权的铁证，同时也为那段令国人屈辱的历史留下了真实的记录。因此，我们在阅读斯坦因上述著作时，一定要牢记惨痛历史，勿忘国耻。

斯坦因上述三次考古报告都是综合性的学术性专著。为了方便一般读者更多地了解斯坦因在我国塔里木盆地、吐鲁番盆地和天山以北东部以及河西敦煌等地区的发掘工作和搜集文物的情况，我们对上述三次考古报告原著做了一些技术性处理：根据原著各章内容的关联性进行分册，删除一些专业性特别强的内容，将插图进行适当调整并重新编序等。

本册出自《古代和田——中国新疆考古发掘的详细报告》：1900年5月，斯坦因从克什米尔出发，穿越帕米尔前往喀什噶尔，探察古道，考察遗迹，对史料中的大勃律、小勃律、羯师、羯盘陀等做了故址与历史记载考证。

目　录

第五章　叶城至和田之路：古代地形和遗迹

第一章

从克什米尔到帕米尔

第一节　吉尔吉特路和克什甘加河谷

1898 年，我的首次探险计划在克什米尔形成。两年后的 1900 年 5 月，我的探险准备工作也是在克什米尔完成。从历史关系和地理位置两方面来讲，克什米尔都是我探险工作最合适的出发点。因此，从克什米尔开始详细记录关于古代历史遗迹探险考察尤为合适。

在过去 10 年中，我一直投入到卡勒哈纳《罗阇塔兰吉尼—克什米尔诸王编年史》(下文简称《克什米尔诸王编年史》——译者)的注释工作中，并因此进行了各种必要的历史研究，这些工作和研究使我渴望着去探寻克什米尔和位于它的重峦叠嶂之外的中亚地区之间历史关系的任何现存迹痕。从可以掌握到的资料中我能拣择出的信息非常少，即使包括那些与克什米尔紧邻，从早期就受其文化影响的地区，文献记载也极为有限。可是，仔细研究一下克什米尔的古代地形，我至少可以肯定了这样一个有趣的事实，那就是，我要选择的由克什米尔向北翻越群山的那条道路据学界认为相当古老，而且在历史上相当重要。1900年5月31日出发时，我感到这件事像是一个吉兆。

不仅是地理上的兴趣，现实方面的优越性也使我肯定，经吉尔吉特和洪扎翻越塔格杜木巴什帕米尔的路是通向喀什噶尔——我在中国新疆的第一目标——的最佳道路。作为行程的第一阶段，我得到授权使用吉尔吉特运输道路。这条道路在1890—1892年才有它现在的模样，因为那时要在吉尔吉特和毗连的通往东兴都库什的河谷部署军队，因而需要修筑一条至少在一年里的某一段时间内适于载重运输的军事运输道路。不过，在克什米尔河谷和印度河河谷之间的山脉里延伸的这条路，它所依循的路线却是由自然所限定的克什米尔与其北达尔德地区联系的最可行路线。历史证据表明，这条道路的使用从很早时期就已经开始了。

我在对卡勒哈纳《克什米尔诸王编年史》的注释所附的《古代克什米尔地理备忘录》中，曾指出自沃鲁尔湖北岸延伸到上克什甘加河谷、人称古尔兹一带山路的历史意义。只有通过来自北方、在此处与克什甘加河交汇的布尔兹尔河的河谷，才能到达高处的山口，从而穿越克什甘加河和印度河之间积雪的分水岭，并进入阿斯托勒及其他更远的达尔德河谷。克什甘加河虽然流域遍及广阔的山脉地区，但它的上游部分却限于一条极狭窄的河谷里。向西，在与布尔兹尔河汇流后约20英里处，这条河谷相当长的部分就变成不再有人烟，甚至几乎无法进入的峡谷，从而无法穿越；从克什米尔来的任何道路也到达不了那里。向东，古老的哈拉木合群峰构成的高大山脊，和向兴地河谷源头方向延伸的冰川山脉，在克什米尔和克什甘加之间树起了一道屏障。只有几条非常难走的山道通行其间。即使是最老练的达尔德山民都不敢带着马匹行走，除非在一年中非常适宜的季节里一段极短的时间，而且马匹还不得负载。

从这里简单描述的地理情况我们可以肯定，古代克什米尔和达尔德地区间的交通线要经由古尔兹，并通过古尔兹与沃鲁尔湖北岸之间的那条分水岭。从古尔兹村正南向西延伸约20英里是分水岭山脊的最高部，海拔在12 000～13 000英尺之间。吉尔吉特运输道路所循的那条路线在海拔近12 000英尺的特拉格巴尔或拉孜旦干山口越过上述分水岭，自锡克时代起就已普遍被用于军事目的。再往东约8英里，有另一条经杜德胡特山口的通路。公元11世纪末叶克什甘加河谷达尔德人的一次入侵克什米尔就与此路有关，这在《克什米尔诸王编年史》中曾明确地提到过。书中说达尔德人占据了山上的堡垒杜各塔噶塔，克什米尔国王哈尔萨为了阻断通向其内部道路的通道而试图收复碉堡却徒劳无功。我曾在注释里和其他参考文献里说明，那座碉堡的位置仍可到杜德胡特山口（此名称便源自那座堡垒）的最高处去寻找。经过杜德胡特山口的路不像经特拉格巴尔的那条一样缺乏遮蔽，而且路径更直接，因此，这条路在古代更为人偏爱。可是与另一条路上的情况一样，杜德胡特山口同样面临着很早就开始的强降雪。与现在的吉尔吉特道路上相应的那段一样，它仅能在一年中四个月多一点的时间里勉强开放，供负载牲畜和大量的人正常使用。

特拉格巴尔和布德胡特两条路都是从班德波尔·奴拉合河沿山的南坡向上延伸。这条河从北面流入沃鲁尔湖。克什米尔的布拉赫曼人仍称呼它的古名摩荼莫迪。在河谷里两条路分岔地点附近坐落着班德阔特村。那里曾是马里克即封建头领占据的城堡——阔特的所在地。在伊斯兰时期，这些头领监视着克什甘加通向克什米尔的山口。同是在这片区域，很可能还存在着某个边境防御观察哨。在印度统治时期，那些观察哨把持着所有进入克什米尔的道路。它们被称为"德沃拉"（或"德兰噶"，即门），在梵语版《克什米尔诸王编年史》中非常引人注目。

这个位置的观察哨所在卡拉哈纳或其后的梵语版《克什米尔诸王编年史》中倒是并没有被特别提到，但是，中国古代的朝圣者悟空很早就知道它。悟空由犍陀罗（今白沙瓦地区——译者）访问克什米尔，于公元759—763年曾在那里停留。《悟空行纪》有关克什米尔地形的描述，我曾全面地进行过研究。悟空将克什米尔王国的地形特征描述成四面环山、山峦形成自然屏障，这是正确的。只有三条路能通过那些屏障，而这些道路又被关隘扼守。东路通向吐蕃（西藏），对应于现在越过卓吉剌到拉达克然后到西藏的路。西路通向犍陀罗，对应于现在循着耶合拉姆河西流走向的那条路。第三条路在北面，据称通向勃律。这条路即是现在的吉尔吉特道路循其方向延伸的那条古道，这一点毫无疑问——当然，沙畹先生通过对原始汉文记载进行明晰的分析已结论性地证明了"勃律"一词指的就是我们现在所说的吉尔吉特以及巴尔蒂斯坦。

关于我启程之后首先经过的那个地区，卡勒哈纳《克什米尔诸王编年史》可助我们发现一个重要的历史事实。书中几段有关克什米尔边境内这一侧事件的记载都表明，和现在一样，在古代上克什甘加流域的山区曾被达尔德人占据。种族分界在许多个世纪里如此顽强地被保存下来，这使我们可以合理地假定，从很早的时期起达尔德部落就已占据由克什米尔向西北方向延伸直到奇特拉尔和兴都库什的山区。

关于达尔德人的早期居住地，梵语记载和经典地理学家的著作中给我们留下的提示完全不像我们期待的那么准确，所以上面提到的证据就尤其有价值了。卡勒哈纳记载的是与他的时代相距不远的时期克什甘加河谷达尔德人的事件，从他的记载中也许可以得出结论，在这个山区当时形成了一个小部族。在近代，达尔德人也是普遍地将其居住区分成数目众多或多或少地独立的属国（被保护国）。这样做的目的可从地理特征上得到解释。极端险峭的山区，山顶终年积雪——即使是对那些数个世纪以来一直成功地与恶劣的气候和贫瘠的土壤作斗争的山民来说，这些自然障碍也使得狭窄的山谷与山谷之间的联系变得非常困难。通常，那些狭谷本身就已构成相当大的困难。它们窄到变成岩石围绕的峡谷，一年中有很长的时间被雪水形成的河所充溢。该地令人望而生畏的山区自然环境从托勒密记述中可见一斑："达拉德拉伊人的国家里山脉无比的高。"在现代旅行者的记述中，也很容易找到对在这一山区行进的困难与危险的大量描述。中国古代朝圣者曾沿着达尔德河谷峭立的岩石绝壁辟路寻道，他们曾绘形绘色地描述过那种困难和危险。

克什米尔曾在相当长的历史时期里借助山脉屏障的自然力量和边境山口严密的保卫系保持一种封闭状态，我曾充分地讨论过这种封避状态所引起的结果。考虑到这样一种嫉妒心态下保持的孤立，我们也就不会惊讶，卡勒哈纳向北的视野实际上也就被上克什甘加河及其支流旁的小小山国挡住了。他把它称作"达拉德萨"（意为"达拉德的土地"），其头领所在地名为达拉德铺里（意为达拉德人的镇），也许就在现在的古尔兹。这里是河谷中的主要定居地，在受锡克人控制之前统治此地的纳瓦普人就定居于此。古尔兹位于一段宽阔的中心河谷，这种优势使它在早期可能是一处具有某种重要性的地方。不过，在那些简陋的圆木屋之间或不规则岩石建成的堡垒附近我并没有寻觅到任何古代遗存。

除上面谈到的这点外，卡勒哈纳这位编年史家的引导对我们了解那条古路的历史地形就一点帮助也没有了。不过，值得注意的是，如同我在别处曾经指出的，"当卡勒哈纳描述到北部密勒恰人首领的住地时（那些人在卡勒哈纳的时代曾和克什甘加河谷的达尔德人一起入侵克什米尔），他只能给我们讲述关于喜玛拉雅地区的神话中地理的细节"。从卡勒哈纳通常的在地形方面记述的精确性来判断，如果他像现代受过教育的克什米尔人一样熟悉吉尔吉特、阿斯托勒和当年调集北方联军的其他达尔德河谷地区，就不会不记下那些地方的古梵语名称。

　　考虑到印度统治时期主导着克什米尔的这种很局限的知识，而所有伊斯兰时期的人们又完全到不了克什米尔，下面这件事就变得十分引人注意：生活在卡勒哈纳之前一个多世纪的阿尔伯如尼，居然成功地获得了关于这片北方地区的信息，尽管这些信息十分有限。在《克什米尔古代地理备忘录》中，我曾阐明阿尔伯如尼书中《印度》一章的价值。那一章里包括了他通过当地消息来源对克什米尔进行的推断性描述。在那里他提到伯罗尔和夏米兰山，说那些从西门进入克什米尔河谷（即通过巴赫拉木拉隘口）的旅行者可在左边两天行程的距离处看见它们。今天，无论是"夏米兰"一名还是"帕德沃尔彦"的名称（"阿尔伯如尼"用于称呼那些居于山中、国王被称为"帕德夏"的部落），我们都无法寻觅其遗痕了。然而，阿尔伯如尼所示的位置和他对"伯罗尔"一词的使用（许多世纪以来这个词都用于指吉尔吉特和巴尔蒂斯坦），都明白显示出为他提供信息的人指的是达尔德人所在的山区——此山区从北部和西北部圈界着克什米尔。书中后来提到"那些部落主要位于吉尔吉特、阿斯瓦拉和希勒塔斯"证实了上述判断，因为可以毫无问题地将这几处地点认定为现在的吉尔吉特、哈索拉和齐拉斯。

第二节 唐代和吉尔吉特的历史关系

我们在达尔德人中间找不到任何古代的书写记录或其他证据帮我们了解这片吉尔吉特路穿过的地区的早期历史，也没有考古遗迹可以提供引导——至少，我一直寻觅到吉尔吉特为止都没有找到任何遗迹可上溯到前伊斯兰时期。然而，在公元8世纪中叶的一个短时期内，由于历史事件的引人注目的发展，印度西北地区的贫瘠山区对于中国唐朝具有了政治和战略上的重要性。那些事件记载在中国唐代官方史书中，可以使我们了解那个有趣的时期里吉尔吉特的历史。同时，那些记载还表明了连接吉尔吉特和克什米尔的道路历来所具有的价值。

只是直到最近，完全是通过沙畹先生的出色研究，西方学者才得以接触到中国记载中那些不寻常的涉及吉尔吉特及其邻近山区的部分。在《西突厥史料》一书中，沙畹先生以一种罕见的批判眼光对那些史料进行了翻译和详细阐释。在该书中，他对公元7世纪中叶至8世纪中叶唐朝势力向西扩张到最远的时期里发生于妫水（今阿姆河——译者）和印度河之间地区的主要事件进行了明晰的说明。从那个记录中挑出几件事就足以说明像吉尔吉特和毗邻的河谷，甚至像克什米尔这样偏远的地区是怎样被引入唐朝的活动范围的。

西突厥帝国（公元658—659年）灭亡后，唐朝在辽阔的区域里确保了它的宗主国地位。这一区域包含了突厥故地，延伸穿过妫水河谷，到达兴都库什南部地区，进入印度的古代领地。吐蕃人于公元670—692年占据了喀什噶尔和塔里木盆地。吐蕃势力的崛起，加上唐朝内部的问题，使得到公元8世纪末，唐朝对西部遥远地区的治理下降到一种仅存名义的水平上。然而，阿拉伯人在楚塔伊巴·伊明·穆斯林的率领下，于公元705—715年，以一种崭新的活力卷土重来。他们的胜利挺进迫使妫水流域和粟特境内的小国又纷纷转向唐朝寻求庇护。

吐蕃人在被唐朝军队从塔里木盆地赶走之后，转而希望越过帕米尔地区与他们的联盟阿拉伯人携手，这就进一步增加了穆斯林控制的势力所导致的危险。为了应对这种从西面和南面而来的挑战，唐玄宗进行了包括军事和政治两方面的持久努力。在与吐蕃人斗争的过程中，吉尔吉特便获得了战略上的重要性。因为那时如同现在，那条由上印度河，经亚辛和巴罗吉尔山口得以进入中央帕米尔和妫水河谷的最近和最切实可行的道路就通过吉尔吉特。吐蕃人也许从很早的时期起就已占有拉达克，并从那里沿印度河推进进入巴尔蒂斯坦或斯卡尔多——吉尔吉特西南部紧邻。因此，对吐蕃人紧紧关闭这扇入侵的大门就成为唐朝经常和特别关切的目标。

细察沙畹先生所给出的《唐书》中"大勃律"的条目，我们不难通过这位博学译者的帮助而认出"大勃律"一词指的就是巴尔蒂斯坦地区。它被正确地描述为紧邻西藏西部，与小勃律（即吉尔吉特）相接。它的西邻是属于北印度的乌苌（即乌仗那、乌迪亚纳——译者）。关于这后一点，我们应该记得，如同中国古代朝圣者的记载和其他证据所显示的那样，古代乌仗那不仅仅包括斯瓦特河谷，而且还包括直至在向南拐一个大弯之后的印度河河段右岸的山脉。

在玄奘访问期间（约公元631年），乌仗那的东北边界一直延伸到达丽尔河谷（即达丽罗川——译者），与齐拉斯相对，也许甚至到达印度河。另一方面，我们发现，直到今天，那些半西藏化的巴尔蒂人沿着印度河定居的定居区位置仍然仅到达印度河与吉尔吉特河交汇处之上很短的一段距离内。那之后，朝着齐拉斯和达丽尔的方向，印度河的岩石峡谷就变得比任何其他地方都狭窄和荒秃，在早期的时候一定仅有很少的人口居住。因此我们完全可以把汉文描述中的乌仗那当作大勃律的西邻。

从《唐书》的记载中可以得知，大勃律于公元8世纪中叶的某个时期臣服于吐蕃。然而《唐书》和百科全书《册府元龟》中保存的官方记载两方面的证据都表明，公元717和721年，大勃律有两位相继的统治者都曾承认唐朝的宗主国地位，并接受了唐朝的皇室册封令。现在的巴尔蒂人使用藏语，大部分人在种族方面也属于藏族，然而我们无法探知这种种族特征在多大程度上是由于吐蕃的占领形成的。也许，巴尔蒂斯坦与拉达克之间密切的种族联系可追溯到更久远的时代，而且这种联系可能曾有助于吐蕃人沿着印度河河谷的扩张。

由中国史书中"勃律"一词衍化的古代当地用语仍在"帕罗约"一词中表现出来。我在行经吉尔吉特时曾查明，那些地区的达尔德人用"帕罗约"这个词指代他们的东邻——巴尔蒂人。

沙畹先生将小勃律确定为现代的吉尔吉特。简单分析一下《唐书》中的地理历史数据就可以证明他的确认是正确的，只是"吉尔吉特"一词的内涵应延伸到包括吉尔吉特河上游流域的河谷尤其是西北部被称为"亚辛"的重要山区。据描述，小勃律的东南面是大勃律（或称巴尔蒂斯坦），距离300里；南面500里的地方是个失蜜即克什米尔；北面500里是属于护蜜地区的娑勒城。护蜜已被确认为现在的上阿姆河上的瓦罕。看一下地图就会明白，这里提到的方位以及相对位置所指示出的小勃律对应于吉尔吉特主河谷中央最富饶的那个被称为"吉尔吉特"的地点的地理位置。

沙畹先生的研究使我们得以接触到关于小勃律的历史记载。这些记载证实了吉尔吉特河谷作为上印度河和妫水之间主要交通线而被中国人赋予的军事上的重要性。史书中还记载了在唐玄宗统治期间为了关闭这条通道以抗击吐蕃人入侵而进行的不懈努力。唐玄宗统治初期，小勃律王没谨忙曾来到朝廷觐见。唐玄宗答应为小勃律提供庇护，并将它划入一个被称为"绥远"的军事区。

公元722年，小勃律被吐蕃人夺走九城，小勃律王没谨忙向朝廷求助。北庭节度使就此宣布："勃律唐之西门。勃律亡则西域皆为吐蕃矣。"于是他调拨了四千精锐部队，在喀什噶尔（疏勒）地方长官的带领下去支援小勃律。在唐朝的援助下，没谨忙打败了吐蕃人，收复了全部失地。《资治通鉴》记载了这些细节，而后写道，15年后吐蕃对勃律又发动了新的入侵。这一次入侵发生于公元737年。唐朝军队以一种声东击西的行动方式在库库淖尔以西大败吐蕃人，解救了勃律。

小勃律王没谨忙死后，小勃律由他的儿子难泥和麻号来（麻来兮）相继统治。公元741年，唐朝对麻号来的册封诏书仍保留在沙畹先生摘录的历史记载里。这位国王死得很早，他的继任者苏失利之却被吐蕃人笼络了。吐蕃人把一位公主嫁给苏失利之，由此保证了吐蕃人在苏失利之领地内的势力。据《唐书》记载，"西北二十余国"（即小山国）因此都变成了吐蕃的属国，他们也不再对唐朝例行进贡。

第三节　唐代对吉尔吉特和通向克什米尔道路的控制

形势迫使唐朝作出特殊的努力以恢复他们失去的对吉尔吉特河谷的控制。三次由四镇节度使领导的远征均告失败。而公元747年，由皇帝诏令指派的高仙芝将军所率领的第四次远征却赢得了完全的成功。值得在此略微考察一下与此次远征相关的军事行动，一方面因为其结果的历史重要性，另一方面也因为它对于我们了解这些地区的古代地形所具的意义。

玄宗皇帝特敕高仙芝负责反击小勃律的吐蕃人的战役。他的头衔是行营节度使，麾下有1万骑兵和步兵。他从安西即现在的库车出发，显然是经由巴楚，在35天后到达疏勒，即喀什噶尔。20天后，他的部队到达葱岭的军事据点，其位置在今天萨里库勒的塔什库尔干城。因此，通过播密川（播密河谷，即帕米尔——译者）进入锡格楠（特勒满川，也称作"五识匿国"——译者）的行军花去了40天时间。

从那以后，高仙芝将他的部队分成三路纵队，分别沿三条不同的道路去袭击吐蕃人占领的被称为"连云"的堡垒。史书中提到的其中两部所沿循的道路的地理位置（北谷和赤佛堂）如今已踪迹难寻。但是高仙芝带领的第三部分所循的道路据描述通过护蜜即瓦罕王国，显然是在阿姆河河谷上。这几部分人马在约定的七月十三日实现了会合。其会合处的连云城外有一条被称为"婆勒"的河。沙畹先生给出了充足的理由，认为此河指的就是阿姆河（古妫水）的被称为"喷赤河"的主要支流；而连云城所在的位置就对应于现在的萨尔哈德村，不过是在河的另一岸即南岸。从萨尔哈德起始有一条为人周知的道路，向南通巴罗吉尔山口到达马斯杜吉的源头。这条路直到今天都是从上妫水通向奇特拉尔以及吉尔吉特的最近路线。

这个地方的地理位置解释了它为什么如同中国文献记载显示

的那样，适于作为三个不同方向的袭击力量的集中处。主部可从喀拉潘迦和瓦罕下部上行至喷赤河河谷。另一路可以自喷赤河的源头下行从相反的方向很有优势地与之配合，从塔什库尔干穿过塔格杜木巴什帕米尔和瓦赫吉里（瓦罕走廊）山口，或者通过奈伊扎塔什山口和小帕米尔，这些行动实施起来毫无严重困难。第三路，即取道"北谷"的纵队也许曾沿锡格楠的夏赫达拉或贡德达拉河谷，到达来自大帕米尔或维克托里亚湖的妫水支流；而后也许越过隔开喷赤河的分水岭，从北面俯冲萨尔哈德。唐朝军队分为几个纵队以及高仙芝要转入遥远的锡格楠，其用意非常有可能是要减少供应和运输方面的困难——在自然条件酷烈的帕米尔地区，对于如此庞大的部队，这种困难在那时和现在一样严峻。

史书描述高仙芝指挥夺回连云及其所守道路的战役时所记录的地形完全证实了我们前面的推测。堡中有1 000名士兵，其前方涨水的河流也构成严重的障碍。然而高仙芝带着一批精锐的骑兵未遭任何阻击穿过了这道防线。这个成功使他满怀信心。他立刻带着他的部队去袭击有八九千人的敌人主力。那些人在南边15里（约3英里）的地方，凭借着山地的优势筑起了堡垒。唐朝将军既已占领了制高点，即绕过前方防线，与守军展开了战斗，结果彻底打败了敌人，使他们损失惨重，侥幸没死的人趁夜逃走了。显然，这次战役发生在通向巴罗吉尔山口的窄道的入口处。

高仙芝决定把一些反对进一步进军的高级将领留在营地。同时，他还将在前面的艰苦战斗中变得精疲力竭的3 000人留下来，命令他们守卫连云，而他自己带着其余的部队继续前进。经过三天的行军，他们到达坦驹岭的山顶，然后"直下峻峭四十余里"。高仙芝巧妙地引着他的游移不前的部队成功地下到了山谷里。又经过三天的行军，他们便遇到了来投降的"阿弩越胡"。第二天，他占领了阿弩越。在此之前，他的先遣将军已抓住了小勃律国王的五六名亲吐蕃人的高级官员。高仙芝将这些人处置后急忙赶到离阿弩越60里远的娑夷河，拆毁了河上的桥梁。"及暮才斫了，吐蕃兵马大至，然已无及矣。藤桥阔一箭道，修之一年方成。勃律先为吐蕃所诈借路，遂成此桥。"

在地图上，我们很容易跟踪那位唐朝将军高仙芝进发的一个个阶段。所有记下的细节都精确地对应着穿过巴罗吉尔鞍形山口到达马斯杜吉河河源，然后向东南方向穿过更高的达尔阔特山口（海拔15 200英尺），沿亚辛河下行到它与吉尔吉特主河交汇处的那条道路。对于带着负重牲畜的军队来说，实现从妫水向达尔阔特山口顶端的行军（上行之路部分地被一条很大冰川的冰雪和冰川砾石覆盖着），三天的时间无论如何是不充裕的。"达尔阔特"山口准确地对应着《唐书》中"坦驹岭"的位置。"达尔阔特"这个名称很可能保存了通常不够准确的汉文音译所尽力模仿的古称的现代形式。山口陡直的南坡在五六英里的距离内从山顶直降约6 000英尺到达尔阔特小村。这正好代表了被吓坏了的从坦驹岭上下望的士兵的"峻峭四十余里"。

从达尔阔特山脚行进25英里就来到河谷的政治中心亚辛村。

我们可以相当保险地把它认作阿弩越。这不仅是由于高仙芝向阿弩越行军的时间正相应于我们今天估计的从亚辛到分水岭的旅程所需的三天行军，而且，"阿弩越"这个名称也使我们联想到阿尔尼雅——现在吉尔吉特河谷的达尔德人对亚辛的称呼。

史书记载中提到阿弩越以远60里处婆夷河上的桥，这件事更使上述的判断得到了印证。《唐书》关于小勃律的记述中说，婆夷河是这个王国的都城孽多邻近的河流。毫无疑问，这里指的就是吉尔吉特河主河。现在，看一下地图就会明白，从亚辛沿河谷下行约12英里即可到达吉尔吉特河。这与中国史书中记载的60里正相吻合。同样清楚的是，由此向着更远处的吉尔吉特及巴尔蒂斯坦去的路是沿着吉尔吉特河的右岸即南岸，急忙赶来的吐蕃援兵不跨过此河便无法到达亚辛。我们由此可以看出拆毁桥梁一事对抵御入侵者的重要性了。

占领亚辛河谷后，唐朝将军高仙芝就招引小勃律的国王投降，平定了整个地区。高仙芝留下一些驻军守卫，自己带着王室囚徒在两个月后返回了连云。然后他回到帕米尔，从那里向朝廷报告了胜利的消息。高仙芝的远征一定曾声名远播，给人留下深刻的印象。这一点可在《唐书》关于此事的记载的结束句中反映出来："于是拂菻大食诸胡七十二国皆震恐，咸归附。"

这次胜利行军的过程中穿越了帕米尔和兴都库什这些自然屏障。这一伟绩为唐朝军队的成功赋予了一种特别的光荣。从很多方面说都很有趣的是，与上述中国史书记载同时期的另外的记载，使我们发现了那个国家的地形和位置所构成的其他方面的严重困难——这些困难一定一直掣肘着在吉尔吉特地区实施的任何军事行动。

沙畹先生的研究使我们得以接触到大百科全书《册府元龟》中收录的重要外交文件。其中有一份妫水上的吐火罗国统治者叶护失里忙伽罗公元749年给朝廷的上表。其内容使我们了解到紧接高仙芝远征之后主导吉尔吉特河谷的形势。这位王子的领地包括目前的巴达赫尚以及妫水北岸的一些地区。他抱怨说，毗邻的小山国羯帅仗着高山屏障与吐蕃人结成了同盟。羯帅国的头领知道：

勃律地狭人稠，无多田种，镇军在彼，粮食不充，于个失密（克什米尔）市易盐米，然得支济，商旅来往，皆著羯帅国过。其王遂受吐蕃货求，于国内置吐蕃城堡，捉勃律要路。自高仙芝开勃律之后，更益兵三千人，勃律因之。羯帅王与吐蕃乘此虚危，将兵拟入。

为了应对这种危险，吐火罗国王提出了一个非常大胆的计划。这个计划如能得到朝廷的支持，将能使他控制大勃律及其以东的国家。由此他将能与于阗（和田）、焉耆和更远的地区连成一线，因而使吐蕃人不再能在此持久。除了请求向小勃律派遣部队，这位国王还请求唐朝皇帝颁发诏书和给予特别荣誉，以鼓励唐朝的忠实同盟克什米尔国王提供大量的军队和物资来支持这次行动。据称唐朝皇帝同意了吐火罗王子的请求。同书中保存的诏书于公元750年册封素迦为羯帅的国王，代替他那个反叛的兄弟勃特没。

沙畹先生另外从《资治通鉴》中摘出了对这些事件的较为简单些的记载，其中也提到羯帅于公元750年被高仙芝击败，其头领勃特没被俘，以及素迦继其王位等事。

在这一事件中，唐朝的介入成功地将吉尔吉特和吐火罗国从威胁着他们的吐蕃人的侵略中解放了出来。然而在接下来的一年中，即公元751年，高仙芝被阿拉伯人彻底击败，导致唐朝在西域的势力迅速衰落。可以肯定的是，这件事曾迫使唐朝放弃他们在吉尔吉特的地位，以及通过吉尔吉特与远处的地区如克什米尔、喀布尔和乌仗那等保持的关系。

前面概述的记载是我们能从汉文资料中获得的对吉尔吉特的最后一瞥；而它们如此明确地说明了军事占领吉尔吉特的巨大困难，以及其物资供应依赖于克什米尔这一事实，使我们尤其觉得满意。对于熟悉吉尔吉特现代历史的人们来说，上面提到的因唐朝驻军的出现而导致的形势，使人记起锡克人和其后不久继起的多格拉人渡过印度河初次在达尔德山区建立根据地之后所不得不付出的努力和牺牲。事实上，中国史书记载以令人惊讶的证据向我们表明，一千年的时间和巨大的历史变迁对这些山区的主要生活和交通状况产生的影响是多么微小。对军事行动的影响也是一样，因为它主要依赖于不变的地理特征。

吐火罗统治者在信中形象描述的吐蕃人企图加以利用的困难，正是克什米尔统治者和最近这些年的印度政府军事机关在占领吉尔吉特时需要克服的。虽然在吉尔吉特和通向吉尔吉特的交通线上雇佣的多格拉人力量也许从来没超过3 000人，可他们的生存却全靠从克什米尔运去的食物。这使摩阇逻迦（即国王）的供应严重受限，在他的克什米尔臣属中常引起极大的痛苦，甚至夺去他们的生命。吉尔吉特河谷的耕地非常有限，无法依靠当地资源供应驻军。比克什米尔更近的其他地方也不可能保证补充供应。而由克什米尔来的道路要穿过200英里以上荒芜的山区——仅此一点就使得物资的规律性运输极不现实，因为不论是使用畜力还是人力，运输途中所需的食物同样要从克什米尔获得。此外，我们还要考虑到路途上需要翻越的两条山脉构成的自然障碍。那两条山脉由于剧烈的降雪，一年之中几乎不太可能有四个月以上的时间能用于载重运输。

1890年，一小批英国驻军被布置在吉尔吉特；紧接着，他们动用了现代欧洲的所有工程资源，并在印度军需部的控制下采用系统运输的安排，吉尔吉特运输路终于修筑了起来。这个变化使得运输可以完全不再凭借人力，而且大大降低了使用这条道路的冒险性。这种冒险性体现在，不论是为了吉尔吉特每年的物资供应，还是在军事紧急情况下要使用这条道路，总会有道路中断、过早的降雪或类似阿尔卑斯山旅行时可遇到的意外事件那样的事情等构成牵滞。不过，尽管有了吉尔吉特路，但在吉尔吉特这样一个需要从那样远的基地、翻过那样高的山脉来提供物资供应的地方维持一个军队，还是会遇到非常严峻的物质上的困难。

这些有关吉尔吉特河谷军事占领的现代事实最好地说明了，为什么在那时的唐朝朝廷，这件事是这么重要：胁迫小勃律，以使它保证通向克什米尔的道路对食品运输保持绝对的安全和开放。《唐书》中"个失蜜"（即克什米尔——译者）条目中保留着木多笔继承克什米尔王位（公元733年）之后给天可汗即唐朝皇帝的信，那封信清楚地阐述了同样的事实。木多笔请求朝廷像公元720年对他的哥哥和前国王真陀罗秘利那样，也给他一个册封令。他尤其提到他的王国过去的好处。在天可汗的部队到达小勃律的时候，他的王国曾派遣物资运输队加以协助，尽管部队达到20万之众。虽然我们无法确定这里提到的是唐朝向吉尔吉特的哪一次远征，但很显然，当时那种形势一定和高仙芝远征成功后吉尔吉特河谷的形势非常相像。也许，如同沙畹先生设想的那样，木多笔指的是公元722年唐朝解救小勃律王没谨忙的那次行动。

此外，我们还需确定羯帅这个小山国的位置——它与吐蕃人联合起来严重威胁了唐朝在吉尔吉特的地位。沙畹先生没有确定它的位置。那位报告羯帅与吐蕃联盟的吐火罗国统治者的信也没有提供什么证据可用来判断羯帅的位置，而只是传达了这样一个信息，即羯帅能够阻挡克什米尔向吉尔吉特河谷去的供应之路。不过，沙畹先生的研究使我们得以接触到另外的中国文献记载，从那里我们也许能多拣出些提示。他从《唐书》中摘出的有关"吐火罗国"（即吐火罗斯坦）的条目中提到，有一次羯师联合吐蕃人计划袭击吐火罗，但由于唐朝军队对吐火罗的援助，袭击行动失败了。因为唐朝军队的援助据说是在叶护失里忙伽罗的请求下提供的，而我们前面曾提到这同一个叶护于公元749年写的信，所以可以肯定那里的羯帅与这里的羯师是一回事。

羯师的领地明确地被描述为与吐火罗交界，因此沙畹先生认为它处于《唐书》简称为"劫"的山区。这个判断很可能是正确的。"劫（羯师）者，居葱岭中，西及南距赊弥，西北挹怛也。"因为《唐书》中明确指出吐火罗是嚈哒（即白匈奴——译者）人的居住地，而吐火罗界内妫水以南的部分无疑主要是巴达赫尚省，所以很显然，应该到巴达赫尚的西南即奇特拉尔河流域河谷的方向去寻找羯师（或劫）。

我倾向于认为羯师（羯帅）即是奇特拉尔河主河谷被称为"卡希卡尔"（或"奇特拉尔"）的部分。简单说理由是这样的：在《宋云行纪》以及《魏书》相应条目中保留的其朝圣同伴惠生的记载中，都以同样名称提到过据称在羯师西面和南面与之邻壤的赊弥。两位僧人在挹怛国即嚈哒停留之后，于公元519年进入被称为"波知"的小山区因而进入赊弥领地。从那里开始，他们渐渐出葱岭山脉，向位于赊弥以南的乌仗那进发。他们记述的波知的位置（在瓦罕西南）以及提到的它的山的某些特征都显示出，波知包括泽巴克以南、朝向兴都库什分水岭方向的瓦尔杜吉即库克恰河的源头部分。从那里经过几个山口，就能到达一座巨大雪山南面的河谷地区，这个地区从中世纪起一般就被称为"卡菲尔斯坦"。河谷地区的居民因为受到其周边穆斯林山国的战争挑衅，直到相当晚的时期还多少保持着封闭的状态。然而没有证据表明这些山谷在更早的时期也是如此交通封闭，因为沿着最东的山谷到库纳尔即奇特拉尔河，再穿过迪尔进入斯瓦特河谷的路比翻越杜弗林湖东面的某个高山山口，而后下到卡希卡尔即奇特拉尔中心的路相比其他已知路线肯定是更短的，而且无论怎么说都更易于行走。

如果赊弥被认定是卡菲尔斯坦，我们就能够满意地解释为什么"劫"（羯师）的条目中说赊弥在劫的西面和南面与之接壤。卡菲尔斯坦这个在中世纪和现代使用的名称来源于斯牙赫布石即卡菲尔部落。该部落不仅居住在奇特拉尔正西的那些河谷中，而且有大量的人口就居住在沿喀拉达罗什以南至阿斯马尔之间鲜为人知的那一段奇特拉尔河谷中，即库纳尔。这些居民点尽管在奇特拉尔即帕坦的统治下穆斯林化，却仍然构成一个活生生的证据，证明原来的卡菲尔斯坦曾经包括卡希卡尔正南的主河谷的相当大的部分。

上述河谷的宽阔富饶的部分包括那些统称为"奇特拉尔"、构成卡希卡尔即奇特拉尔国政治中心的大村庄。这极好地对应着《唐书》中关于"劫"（羯师）的温和气候和丰富物产的描述。地形方面的证据同样支持这种判断。所以我们可以毫不犹豫地提出，中国人试图以"羯师"或"羯帅"的发音加以模仿的正是卡希卡尔这个当地名称或该名称更早的形式。用卡希卡尔指代奇特拉尔地区，可在穆斯林文献中找到很好例子为证。在那一地区，这种用法现在依然流行。类似用"羯师"来代表"卡希卡尔"的汉文发音的另一个例子是，玄奘曾用"佉沙"一词指代现在中国新疆的城市和绿洲喀什噶尔。

我们已经看到，唐朝帮忙反对羯师这个山国是因为它威胁着克什米尔与吉尔吉特之间道路的安全。看起来奇特拉尔似乎离那条路很远，然而不难证明，如果奇特拉尔头领决定合作，吐蕃人想封锁那条通向吉尔吉特的运输路就会变得非常容易，唐朝的地位将因此难以保持。现在的吉尔吉特路所沿循的道路东面有高山的屏障，山脉的高度和剧烈降雪，以及山脉之间高海拔山谷和高地无法住人的性质使得吉尔吉特路的这一面没有遭受突袭的危险。西面是巨大的支脉，顶部覆盖着从南迦帕尔巴特山脊延伸下来的冰川，流域里的狭窄隘口又无法接近，这就构成了一道一直延伸到阿斯托勒，与道路东面相似的屏障。但是当道路下到印度河之后，情况就非常不一样了。

从印度河下游与齐拉斯相接的地区，或沿着齐拉斯河本身，或经由南迦帕尔巴特极北部支脉上的一些特定道路，都有可能去袭击吉尔吉特路。齐拉斯的达尔德人就常常对阿斯托河谷实施这种突袭。他们的勇敢和喜爱劫掠一直很出名。有时候，突袭会扩展到像克甿甘迦河谷、巴尔蒂斯坦和往北的吉尔吉特这样远的地方。直到多格拉人占领吉尔吉特时这种袭击仍在继续。1851年，摩哈拉迦古拉布·辛哈的部队克服重重困难，成功地侵入齐拉斯并削弱了它的坚固堡垒以后，突袭才停止。尽管齐拉斯人名义上要交纳赋税，然而他们却保持了独立。他们好战的性格对新修筑的吉尔吉特路仍然是个威胁，于是帝国驻军终于在1892年夺取了他们的领地。

在人种、语言和种族特征等方面，齐拉斯人都与其他达尔德人集团极其相似。那些达尔德人集团组织成一个个小共和国，沿印度河两岸散布到很远的地方，共同构成印度河河谷被称为"辛卡里"即"库黑斯坦"的地区。尽管这一地区对于欧洲旅行者来说仍是无法企及，然而可以肯定，并没有险要的自然障碍将河谷的不同部分之间分开，所以这些达尔德人集团之间就保持着经常的联系，遇有外敌威胁，他们就会联合起来。实际上，齐拉斯的传说表明，在前伊斯兰时期，整个辛卡里是在一个国王的统治之下。

我们已经看到，根据《唐书》和玄奘的提示，印度河河谷的这一地区曾在某一时期依附于乌仗那王国。在我们所听说的吐蕃人与羯师结盟的那个时期，从斯瓦特河谷实施的统治也许已被奇特拉尔这一边的主导性的影响所代替了。从奇特拉尔的中心地带或从上卡希卡尔（即马斯杜吉）都能够通过几条穿过斯瓦特和喷赤库拉的河流源头的道路到达印度河河谷。最近这些年里迪尔的汗在斯瓦特库黑斯坦和印度河河谷方向上引人注目的势力扩张，就是一个值得注意的例子。如果仅是齐拉斯和沿印度河的达尔德人集团本身，也许还很容易被唐王朝布置在吉尔吉特和亚辛的驻军震慑住；但是，如果是被邻近的奇特拉尔这样资源丰富的山国控制和支持，他们就肯定要去袭击唐朝驻军这条赖以维持保障的道路，从而变成克什米尔—吉尔吉特路的主要威胁。

第四节　吉尔吉特和罕萨的古遗迹

中国史书中那些揭示性的条目向我们展示了吉尔吉特及其毗邻地区早期历史的一个短暂片段，除此之外，我们完全缺乏可靠的记载，因而目前根本不可能寻找到更多的关于那段历史的信息。对当地传说和种族进行耐心研究，对古代遗迹进行系统寻找，无疑将能发现一些材料，很可能能帮助我们恢复前伊斯兰时期那个地区生活和文化的一些主要形态。在"旅行笔记"中，我描述了6月11—28日循着吉尔吉特和罕萨的河谷直到兴都库什分水岭这一段所进行的一系列迅速而考验人心的行军。它们不容我进行上述那样细致的工作。

曼乃尔·施密特好心地提醒我，在吉尔吉特主河谷有现存于地面之上的佛教崇拜的遗迹。可是在这些遗迹中，我只有可能去访问其中的一个，即与吉尔吉特哨卡约4英里，离瑙普尔村不远的科尔孕合奴拉合入口处的大岩刻浮雕。这块浮雕在一块直立的岩石断面上离地30多英尺的地方占据着一个非常醒目的位置。这是一尊大佛像，高约9英尺，是刻在三叶花瓣形的浅凹槽内的一

图 1　吉尔吉特瑙普尔附近的岩刻浮雕

幅浅浮雕（图1）。

　　浮雕所表现的是一个立佛，右手和小臂举到胸前。这个手势在佛教习惯中被称为"施无畏印"。他的左手下垂抓着袍的边沿。袍只在身体侧面臀部以下才显露出来，使得他的四肢完全裸露。所以这个塑像乍看起来更像是一个裸体的耆那（又作胜者），而不是着袍的佛。

　　尽管佛像的造型和雕刻粗糙，但仔细研究照片仍可发现，本来要表现的是一个全身着衣的形象。绕着脖子和覆盖着右小臂的宽褶或镶边显示出古典着衣方式所应有的褶痕。在犍陀罗与和田雕塑中发现的类似姿势的佛像都一致地显示出与此同样的形态。吉尔吉特雕塑者努力呈现的类型，尽管并不完美，但与丹丹乌里克无数的灰泥浮雕无疑是同一类型。那些丹丹乌里克的浮雕可以从图2中看到。犍陀罗的希腊—佛教雕塑以及我发掘的和田附近热瓦克佛塔中的大型灰泥浮雕中，有大量此种类型佛像的更早时期的代表。

　　值得注意的是，在我们提到的这一类型佛像的早期例子中，我们从没有发现类似吉尔吉特浮雕的那种手和小臂放在胸前的样式。施无畏印的典型特征是手掌外翻。在我们眼前见到的佛像姿势中，这个手势只能通过不自然地拧转小臂才能做到。而像我所描述的那些雕像中，小臂多多少少以上斜的角度向前伸，这个手势就显得非常自然。在丹丹乌里克的一座寺庙中，有作为灰泥墙壁装饰的一部分的小浮雕佛像，其中可以看到同样不自然的右臂和手势（图2）。

　　不管怎么说，小臂位置的这种变化反映出艺术家在浅浮雕中不能表现出原始造型中那种自然的姿态。丹丹乌里克的灰泥雕像属于公元8世纪后半期。它们与这个不太高明的吉尔吉特岩刻之间的相似之处提醒我们，不应把后者的粗糙造型看成其历史特别久远的证明。在我看来，前面指出的那个围绕着塑像的三叶拱形

图 2　丹丹乌里克浮雕

浅槽正是它属于较晚时期的一个明证。之所以作出这个判断，是因为我曾对克什米尔的纪念碑上的这种建筑因素做过仔细研究，因而能够辨认出其形式的一个个发展阶段。另一个晚期工匠技艺的标记是袍子边沿，尤其是从那只形态自然的左臂垂下的袍子的边沿被夸张地突出了。这样很容易使未经训练的观察者误以为左手不是在撑袍子而是握着"一根棍杖或某种武器"。

排在三叶花形浅槽之外、连成五边形的深凿的方洞无疑是用于支撑一度用来保护佛像的木框。

彼杜尔夫上校已注意到古代灌溉工程的遗迹。这个遗迹可以沿着科尔尕合奴拉合河口的右岸即东岸仔细地加以追踪。我们在那里看到一些四壁是垂直岩石面、有相当深度且彼此之间深度相同的方形凹槽。设计这些方形凹槽显然是用来固定坚固的方木的。木制的水槽可以固定在这些方木上，把奴拉合河水输送到主河谷以灌溉农田。灌溉管道的位置之所以比奴拉合的碎石河床相对要高，是因为修这条灌溉管道的目的就是要把水输送到奴拉合河口处引出的水所到达不了的山坡上。

这条灌溉管道修筑于一个较早时期，属于前伊斯兰时期，这一点可由那些深槽的完美凿刻得到证明——因为那种石匠技艺在这条河谷的人群中间久已失传。我们也许可以很合理地假定，在一个物质文化更为发达的时期，吉尔吉特居住着比现在更多的人口，因此，在比现在的耕地位置更高的山坡和冲积高地上，土地也被用作农田，因而需要灌溉；而在整个吉尔吉特河谷，为农业和果树生长提供的灌溉只能依靠旁边的支流进行。

既然谈到吉尔吉特的古迹，我就应提到曼乃尔·施密特少校及其他在吉尔吉特供职的官员曾写到过的在汗孜尔和尤提亚尔的毁损石堆。无论怎么说它们都应是佛塔遗迹的代表。虽然我没能亲自去查看，但是"帕米尔边界考察团"的报告中复制的汗孜尔（吉尔吉特哨卡之上约9英里的一个村庄）附近的石堆照片明显地支持上述结论。只是遗址的任何地方都仅仅显示出使用未凿石头材料的粗略的石工，所以，如不经系统发掘，很难作出关于建筑年代的结论。

我从吉尔吉特到塔格杜木巴什帕米尔路经罕萨河谷。无论是河谷、峰峦和冰川的艰险瑰丽，交通的自然困难，还是人口中种族和语言的奇异混合，都令人对这片山区倍感兴趣。然而，这些冰雪为冠的山脉和几乎同样令人望而却步的狭窄山隘，虽然使得罕萨直到我们的时代以前一直免遭外敌入侵，却也妨碍了这条河谷成为真正的交通线或因某种其他事件而具有历史上的重要性。

这种隔绝有一个令人惊讶的证据，就是在中央罕萨还留存着一种与任何大语族（印度、伊朗、突厥、藏）都没有一点关系的语言——布里希斯克；而这几个语族就在离此处——兴都库什分水岭极东之点——不远的地方交会。同样，毫无疑问，这个在风俗、传统和经济状况方面都很封闭的聚落一定保留了许多东西，对研究者具有指导意义。

我沿着罕萨的崎岖道路匆忙行进，只能进行一些浮光掠影式

图3 巴尔提特的
罕萨的米尔城堡

的观察（图3）。路上唯一一个我可仔细探源的古迹是在绕行于拉克普希大山（图4）脚下的地方。在历史上有名的尼尔斯山口之上的河的左岸，我们接连经过一些高度开垦的小高地。其中，我们经过的第一个高地上有一个叫作托勒的小村庄，村庄附近有一座毁损的佛塔。图5显示的是它西面的样子。这个佛教崇拜遗迹的位置如此暴露，而保存状况又相对较好，这一点很引人注意。它

图4　从罕萨阿里亚巴马德看到的拉克普希山

图5　罕萨托勒毁损的佛塔

所遭受的唯一严重的损害发生在近期，是"现代文明进步"的典型后果——从1891年的战役结束罕萨被占领的时候起，佛塔南面基座处的砖石就开始被取走，用以修补离山路不远的一条临时便道。

这座佛塔由较为平整的天然石板砌成，依靠较硬的灰泥一层层大体平行地往上垒砌。粗糙的石砌部分的表面过去曾覆盖着一层同样的灰泥，在北面基座的上部和遮蔽得较好的线脚处我们发现附着一些这样的灰泥片。基底的最下层是10英尺见方的正方形，以现在的地面为基准，高度是3英尺9英寸。其上，边沿约错后1英尺，为第二层。这一层同样是正方形，连上它14英寸高的突出的飞檐，高度也是3英尺9英寸。再上一层是八角形，连上飞檐，高度为3英尺10英寸。其上支撑着一个圆形的鼓状物，高1.5英尺，上面同样接一层飞檐。在此之上是佛塔固有的穹顶。看起来这个穹顶最初是半球形，可是现在顶部已毁，现存的砖石从倾斜的鼓状底座算起，仅有3.5英尺高。从我后来在塔里木盆地察看佛塔遗迹的经验判断，也许可以假定，造成损害的主要原因是有人到小穹顶中心去"寻宝"，因为那里没准留着过去存放的东西。考虑上这种缺损，这个结构的整个高度不会少于18英尺，也许可达20英尺。

托勒佛塔的高度相对于底座尺度而言是很大的，这一点把它与我在中国新疆察看的其他佛塔鲜明地区别开来。中国新疆的佛塔中那些保存完好、可进行精确测量的，例如莫尔梯木（即今莫尔佛塔——译者）、尼雅遗址、安迪尔和热瓦克的佛塔，在其最初形态下，整个高度也仅与它们同地面接触部分的正方形基座的边长（也即底层建筑图的最大尺度）近似相等。另外的同样鲜明的区别是，在基座的正方形层之上引入了八角形的一层，以及在基座的每层之上和穹顶下的鼓状物之上都有一层很大胆地突出的、巨大的飞檐。从我熟悉的印度西北及其毗连的边界地区的佛塔中，我都举不出有类似鲜明特征的例子。但是这种特征中却有一种东西使人联想到斯克木和拉达克的乔尔腾的风格和一般特点，因而似乎表明着西藏对它的影响。

在尼尔斯和巴尔提特之间罕萨河深陷的河床边，每隔一定距离都镶嵌着一些小冲积高地。那是河谷中仅有的道路适于负载牲畜常年使用、道路维修无须借助现代工程手段的地方。从巴尔提特村（它也许是早期罕萨人首领的驻地）往上，通向塔格杜木巴什帕米尔的道路就进入了又长又窄的峡谷，罕萨河在此穿过兴都库什的主山脉。经过6天考验人心的跋涉，我们走完了穿越峡谷的道路。其间能够遇上真正的阿尔卑斯攀登中会遇到的所有困难，包括要翻越大冰川。在一年中的大部分时间，除非徒步而行，这些道路完全无法通行。要想通过这些山路运输什么东西，只能雇佣那些老练耐劳的山民。在被河流包围的大片荒秃的岩石冰雪之间和更为狭窄的支流山谷里，有极少的几块可耕地，这些山民便在那里想方设法生存下去。这些山脉极端恶劣的条件使得"小古合亚勒"的人口仅有几百户——"小古合亚勒"之名源于此地的

图 6　定居罕萨海
巴尔的瓦罕人

瓦罕居民（图6），他们是由瓦罕即古合亚勒迁来的。即使仅仅是为
那些偶尔得到允许通过罕萨河谷的欧洲旅行者提供搬运工，对当地
人的人力来说也已是一个沉重的负担。在如此的自然障碍面前，也
就不能想象罕萨河谷怎么能成为贸易和一般交通的道路。

　　在离开罕萨最北的小村米斯噶尔（图7）之后，道路的自然困
难就减少了。到达罕萨河源头与妫水源头分水岭，同时又是罕萨

图7 米斯噶尔
的坎据提人

河源头与塔格杜木巴什帕米尔的分水岭时，河谷变得宽阔起来。
寇松勋爵在他详尽的《帕米尔备忘录》中曾强调了这样一个地理
事实：兴都库什这一部分的分水岭在主山脉以北相当远的地方，
而且高度要低得多。这就解释了为什么最终通向塔格杜木巴什帕
米尔的奇里克和明塔卡山口在一年中较长的一段时间内相对来说
比较容易翻越，哪怕对于运货的牲畜也是如此。

第二章

萨里库勒和到喀什噶尔的道路

第一节　萨里库勒的地理位置和人种分布

1900年6月29日，我经奇里克山口（海拔15 800英尺，图8）穿越塔格杜木巴什帕米尔。从很多方面来讲，它巨大的高山河谷都是非常有趣的地方。谷口，接近印度河、阿姆河和塔里木河三大河流系统流域的交界处。而这三条河流分别代表了更大的印度、伊朗和中国新疆塔里木盆地的民族分布区。从胡希拜勒峰顶我的第一个观测点望去，视野里同时包括了英属印度、阿富汗、俄国和中国的领地。这一点很好地证明了地理状况的影响永远是压倒其他影响的，即使在这个荒僻的地区也是如此。同是在这个观测点的视野中，塔格杜木巴什河谷底宽阔的平原和微微起伏的草场与罕萨布满岩石、几乎无法穿越的峡谷构成鲜明的对比。它们使

图8　奇里克山口，自胡希拜勒横岭南望

我一开始就对帕米尔尽管海拔很高，气候酷烈，但交通却并不困难这一点印象深刻。当我沿着从瓦赫吉里（瓦罕走廊——译者）山口和阿姆河河源直到塔什库尔干的塔格杜木巴什帕米尔全线走了一遍之后，我沿途所做的观察才使我充分意识到经过这条河谷的道路在历史上的重要意义。

　　要解释塔格杜木巴什帕米尔作为中国新疆与妫水河谷早期交

通线的重要性，我们并不需要考虑整个帕米尔地区的历史地理。寇松勋爵在他著名的关于"帕米尔和妫水源头"的备忘录中曾对这个被广泛讨论的题目进行了明晰的批判性的总结。寇松勋爵的分析曾合适地确认了一个重要的地理事实，它可以帮助我们缩小我们探寻的范围。塔格杜木巴什帕米尔尽管和其他的帕米尔有着同样的名称，而且它的上半部也与其他帕米尔的主要地形特征相似，然而它却处在与其他帕米尔不同的分水岭内，因而明白地显示出是另外的流域系统的一部分。可以看到，这种地形上的分区在今天又被国别分界强化了，使得塔格杜木巴什成为中国治下的唯一的帕米尔。因此，我们可以很自然地将中国作为影响这一山区早期历史条件的决定性因素。

所有其他的帕米尔都处于妫水流域，而塔格杜木巴什帕米尔的河流却向东流入塔里木盆地。有一条以之为主要水源的河流，因流经的主要地点为塔什库尔干，因此获得了一个广为人知的名称——塔什库尔干河。此河穿过在东侧围绕着帕米尔的巨大的南部山脉，最终与叶尔羌河，即扎拉普香河汇合。塔什库尔干河灌溉的所有河谷以及叶尔羌河上游方向上与之相连的一些小片高山地带共同构成现在被称为"萨里库勒"的界限分明的山区。地形事实和历史证据都表明，现在的塔什库尔干防卫哨所及周围村庄所占据的地方，从很早的时期起就已是这整个地区的政治中心。塔格杜木巴什帕米尔开阔的河谷中止于塔什库尔干。这条河谷作为交通要道的重要性主要在于它有100英里以上的部分是极为容易地进入萨里库勒中心地区的咽喉。因为这种紧密联系，我们也许最好先考察一下那些表现整体萨里库勒古代地形特征的主要数据。

萨里库勒地区范围很小，又没有自然资源，其重要性完全是由于它与某些道路的相对地理位置而构成的优越性。那些道路从很早时期起就连接着有绿洲的上阿姆河河谷和塔里木盆地沙漠南部。所有从妫水起始沿着那个方向去的道路，不论是通过罗仙、锡格楠还是瓦罕上行，都得穿过帕米尔东部的分水岭，然后穿过更高的以慕士塔格阿塔群峰为最高点的南部山脉。这条山脉连接着北部的天山山脉和南部的兴都库什及昆仑山脉的端点。萨里库勒的主要河谷就在这条南方山脉与从东边包围着的帕米尔的分水岭之间延伸。这个位置使得河谷相对较宽，也决定了河谷的主要走向：塔格杜木巴什河谷主要由南向北而降，而塔噶尔马河谷主要由北向南而降。每一条穿过帕米尔分水岭到达慕士塔格阿塔山梁南部的道路都要在这一处或那一处进入这些大山谷；在相反的方向上，所有从叶尔羌河流域向西进入妫水盆地的道路同样如此。塔格杜木巴什和塔噶尔马河谷在塔什库尔干河向东急转弯的地方相交，因而，在其南面仅约8英里处的塔什库尔干就成为所有上面提到的不论是从东方还是从西方而来的道路的自然汇集处。

显而易见，萨里库勒地区的这个中心（指塔什库尔干——译者）从来都是旅行者的重要目标。不论从哪个方向上接近萨里库勒，都首先要穿过一个荒凉、完全没有定居人口、无处可为商队提供补给和遮蔽之所的高山地带。西面延伸的高海拔的帕米尔地区在历史上的任何时期都从未能被开垦过。从塔噶尔马起始、将萨里库勒与东北面的喀什噶尔及东面的莎车（叶尔羌——译者）相连的道路，经过的则是南部巨大山脉的荒瘠支脉上一连串很高的山口，而那些支脉之间又是狭窄的无人居住的峡谷。当然，在叶城和科克亚方向上，塔什库尔干和叶尔羌河之间山脉上难行且人迹罕至的地区的确经过一些小的萨里库勒人定居区。然而，这一片片独立的耕地生产出来的粮食连维持分散在那片区域的很少的农牧人口的生活都不够。最后，如同我在"旅行笔记"中说的那样，如果循着一条向北穿过慕士塔格阿塔然后沿着亚曼亚尔河进入喀什噶尔平原的道路，那就要横穿过更大的距离才能见到定居人口的住所。

萨里库勒地处荒凉山区之中，却又是重要道路的交会处，这种情形就必定使此地区拥有的任何自然资源都具有特殊的价值。如果能有足够的人口，又有能够维持这些人口的管理机构，这个地区应会有比现在更丰富的资源。从塔什库尔干之下到达夫达尔小村之间是40英里长的塔格杜木巴什河谷下段，是一片相当宽阔而平坦的肥沃土地。目前，开垦种植仅限于河谷里塔什库尔干上下那一小片绵延不断的区域内，或像达夫达尔和皮斯林这样一些孤立的村庄。这些村庄是最近才开始在河谷更高处那些易于获得河水灌溉的地方形成的。

不过，我在塔什库尔干停留期间又获知，那些地方的居民拥有一致的传统，这一点强烈地证明，目前很有限的开垦区曾一度向河谷上方延伸到很远。可以举出些支持这一判断的例子。例如，沿着山脚，尤其是在河谷的东面，可以找到广泛的灌溉渠道的遗迹；此外，在现有村庄地带以外相当远的地方发现了像巴扎尔达希特这样的废弃村庄遗址。我相信这些有根有据的故事是可以相信的。一方面，从达夫达尔到吐格兰夏尔的路上，我曾经过几乎不间断的宽阔冲积地，一旦有了灌溉系统，就能长出适应此地气候的庄稼。另一方面，我们知道在阿古柏叛乱之前和之后，萨里库勒一直遭受坎据提人和希格尼斯人抢掠奴隶的定期袭击，直到英国占领罕萨才停止下来。这一定曾是导致这个地区人口减少的原因之一。

塔格杜木巴什河谷上部由于距离最近，必定最受那种侵扰之苦。然而那些侵扰还扩展到塔噶尔马河谷——此河谷长约12英里、宽7英里的灌溉良好的中心平地为农业定居区提供着充足的耕地。

现在，这整个地区正渐渐从长期遭受侵扰的灾难中恢复过来，所以很难判断，当建立在塔里木盆地的强大无比的政权支持萨里库勒以保证它免受西部和南部扰人的邻邦侵袭时，这一地区的人口和资源是怎样的情况。如同我们将要看到的，中国人很早就意识到这个山区作为守卫巴达赫尚、吉尔吉特和帕米尔方向边境线的前方哨位的政治价值。然而中国统治者也就仅仅关心不时地宣布一下它的主权，而这一点很可能常常只是纯粹名义上的。这个高山小部落之所以保持了它的持续存在和历史个性，更重要的原因应是此地居民的种族固守性。

　　萨里库勒的人口除包括使用其草场的克尔克孜游牧民，还包括山区塔吉克人。这些人的体形特征和语言都无疑地证明他们属于所谓的嘎勒恰祖先。已故的夏乌先生以他惯有的准确和精细第一个记录下了萨里库勒人的语言。这种语言与瓦罕人的瓦赫语非常相似，因此也许可以仅仅把它当成是那种语言的一个方言。我看见的萨里库勒人具有构成妫水地区大部分人口的伊朗塔吉克人的所有种族特征。各阶层的人普遍具有波斯语知识，这表明伊朗文化的影响甚至扩展到了如此偏远的山谷。后面我还要谈到，伊朗传统故事在当地传说中广泛流行。这些传说的久远（有玄奘记录为证），当地命名中的伊朗成分，以及与此相异的任何其他历史传统的缺乏都说明，萨里库勒的人口非常有可能从很早的时期起就具有和现在一样的种族特征。

　　萨里库勒的地理位置使得它从未处于入侵浪潮所经的任何一条道路上——那种浪潮不时席卷那些较易进入的中亚地区，因而渐渐彻底改变了那些地区的种族构成。萨里库勒的主要山谷，海拔没有低于10 000英尺以下的，这种严酷的气候和极有限的可用作生产的土地使它不太可能招引强大的入侵者来占领和定居。其主要山谷一再遭受西面和南面小山国的劫掠偷袭，无疑使较为平和的萨里库勒居民的境况时盛时衰；然而由于这些骚扰即来即去的性质以及许多与世隔绝的山谷提供了很好的隐蔽（掩护）所，那些侵袭并不足以造成灭绝萨里库勒的威胁。不管怎样，经验表明，萨里库勒在最近的时期已从这一类严峻的考验——甚至包括阿古柏统治时期强迫其大部分人口转移到喀什噶尔——这样的考验中恢复过来。很显然，这个伊朗族小群体如此近地处于一个大突厥语人群之中，又与他们共有同样的命运，如果不是由于高山的隔绝作用和山民特具的对代代相传故事的固守，他们就不可能保持语言和种族特征上的完整性。

萨里库勒山民目前构成伊朗民族的东部最前沿。但如果我们从几个重要的事实来判断，在古代，一个说伊朗语人种的居住区一定曾向东，尤其是朝向和田方向上，分布到还要远得多的地方。我从丹丹乌里克遗址毁损寺庙中发掘出的以婆罗米文字写成的文书，以及之前在同一地区获得的其他以同样文字写成的文书已被霍恩雷博士部分破译出来。那些文书表明，公元8世纪时和田土著居民所说的语言非常有可能源于伊朗语。另一方面，乔伊斯先生对我在和田获得的体质人类学数据进行了独立于任何历史学和语言学证据的仔细分析，他的分析明白地显示出，今天的和田人口普遍具有一种与居住在妫水和扎拉普香高地被称为"噶勒恰"的山区部落关系紧密的种族成分。

下面要讨论的中国历史记载可追溯到唐朝治理塔里木盆地时期（公元7—8世纪），也证实了上述观察在人种描述学上的重要性。那个记录中描述说萨里库勒居民的外表特征和语言与和田人一样。语言学、人类学和历史学的证据汇集起来使我们不免得出结论：现在的萨里库勒人代表着一度扩散到远达和田地区的更大的噶勒恰人群体的遗存，只是那个群体的东面部分后来经历了相当大的种族融合，放弃了自己的语言转而使用了突厥语。萨里库勒的河谷与昆仑山北部山脚下平原的绿洲之间地理位置的巨大差异，和由此导致的进入其地区难易程度的差别足以解释为什么在后一地区内会发生那样彻底的变化。

　　最后，也许可以简略地指出，在伊朗族的萨里库勒人和上述绿洲目前居民之间的种族联系能够在帕合颇这个很小而且鲜为人知的山区部落中找到。帕合颇人部分是牧民，部分是农民，居住在提孜纳普和叶尔羌河源头附近的狭窄山谷中。我们仅有极少的关于这个令人感兴趣的人群的信息，而且这些信息都来源于贝勒乌博士的记录。他描写这些人有明确的高加索人的特征，皮肤白皙。他们和他在塔里木盆地遇到的其他人种在体质类型方面的区别使他感到惊讶。他写道，他遇见的几个能够加以询问的帕合颇人都否认他们除突厥语外还有任何其他语言。但贝勒乌博士也提到这些山民极为害羞，这使得他们会隐藏所有关于他们的信息。我自己不能去接近叶城以南帕合颇人的山区以获得接触他们的机会，但我在叶城短暂停留期间，一位数年来一直负责帕合颇人居住区的官员导德波克告诉我，尽管所有的帕合颇人都懂突厥语，尽管由于与叶城绿洲上的人通婚使得突厥语的使用范围更广，但帕合颇人之间却讲另外一种能被萨里库勒人听懂的语言，这种语言是萨里库勒语言的一种方言。如果这个说法确切，我们前面假设的帕合颇人是曾分布更广泛的噶勒恰人群的又一遗存就应是一个不争的事实。

第二节　唐代记载中的萨里库勒

由于萨里库勒在穿越帕米尔地区的道路上所处的重要位置，早期中国史书中有关于它的历史地理有非常丰富的信息。玄奘在他从印度回国途中就经过萨里库勒。他的叙述提供了大部分的信息。就是在玄奘的旅行文献记载中库宁嘎姆将军第一次确认出这个山间小国的旧称，在中国文献记载中，它被称为"竭盘陀""汉盘陀"等。但为了系统归纳所有可供使用的数据，我们从沙畹先生翻译的《唐书》中有关这一地区的官方描述出发应该较为方便些。

据《唐书》记载，萨里库勒有几个名称：喝盘陀、汉盘陀、渴饭檀或渴罗陀，书中还清楚无误地指明了它的位置。由疏勒即喀什噶尔向西南通过剑末谷就能到达这个王国。剑末谷一定对应于现在的格孜峡谷，长600里，约相当于玄奘6天的行程。这个估计很好地吻合了从喀什噶尔西南边缘的塔希马里克出发，沿格孜河即雅曼亚尔河，通过慕士塔格阿塔雪峰到达塔噶尔马河谷谷首的道路。我从塔什库尔干到喀什噶尔正是从反方向上走过这条路的。喝盘陀被正确地描述为位于朱俱波（今叶城）正西；北面与疏勒即喀什噶尔的领地接壤；西面毗邻护蜜即瓦罕；西北连接着判汗（承沙畹先生之助，我们辨认出判汗即费尔干纳的领地）。这个地区的行政中心在葱岭之中。据说葱岭环绕着整个王国。中国人一般用"葱岭"一词指代从东面支撑着帕米尔地区并将它与塔里木盆地分开的南部山脉。由记载中所述与葱岭的相对位置，喝盘陀都城应准确地对应着现在的塔什库尔干。我们下面会注意到玄奘记载说都城临"徙多河"，那正是塔什库尔干河。

我们已经提到过，《唐书》中记载喝盘陀的居民"貌言如于阗"。此外还有这样的描述："其国，人劲悍"，"其法杀人剽劫者死，余得赎。赋必输服饰"。《莎车考察报告》中记录的当地消息者的叙述也证明了这后一点。那里提到在萨里库勒进行的物物交换贸易，以换回从平原进口的棉制品。领地"胜兵千人。其王本疏勒人，世相承为之"。在后魏时期的公元435—439年，喝盘陀"始通中国。贞观九年遣使者来朝。开元中破平其国，置葱岭守捉，安西极边戍也"。所谓安西指的就是位于塔里木盆地的中国属国（保护国）。沙畹先生在他对此条的注释中指出，《唐书》中的另一段明确指出"葱岭守捉"即为过去的竭盘陀国。在沙畹先生所译的中国文献记载中，萨里库勒就是以"葱岭守捉"或"葱岭"被反复提到。

文献记载显示最早到过萨里库勒的中国旅行者是朝圣者法显和宋云。不过关于法显我们知之甚少，而且地名认定也依赖于猜测。法显和他的朝圣同伴在大约公元400年从和田向印度行进，首先到达子合国。沙畹先生所译的《唐书》中的一个条目明白地表明"子合"对应于唐代朱俱波（叶城）的领地。从那里，这些朝圣者"南行四日，入葱岭山，到於麾国安居"。"於麾"这一名称别的地方找不到，颇使人迷惑。然而沙畹先生稍加修正，将它恢复为"於摩"，就成为塔什库尔干在《北史》中的名称"权於摩"的简称。法显从塔什库尔干进一步向竭叉即喀什噶尔进发，似乎是到那里去会同其他同伴以便启程赴帕米尔。我们在其他地方还会谈到沙畹先生追踪这一段行程时所进行的高明而令人信服的阐发。然而这里可以指出的是，下面这个假定可以解释从子合向南到进入葱岭山脉的四天行程，即法显一行向塔什库尔干的旅行选择的是这样一条道路：首先他们到达叶城南面的科克亚，从那里向西经过与叶尔羌河上游部分相连的山脉进入萨里库勒。

另一位朝圣者宋云对萨里库勒（公元519年）的旅行记载就没那么简略了。然而，这里也有像宋云叙述的其他部分里那样的缺点，即记载的细节缺乏适当的顺序，所以以前一直难以确定宋云的记载哪些是关于萨里库勒本身的，哪些是关于其后穿过帕米尔的道路的。最近出版的沙畹先生对宋云的行纪的注译才使我们能够清楚地辨认出其中关于萨里库勒的特征性描述，并定出宋云可能遵行的路线。

和法显一样，宋云西行经过和田，从朱俱波（沙畹先生已将其正确地认定为现在的叶城地区）的方向进入汉盘陀王国境内。西行六天之后他开始翻越葱岭山脉。我们应将这条山脉认定为分开拉斯喀穆达里亚河谷与叶城周围平原的山岭。他又向西走了三天，到达钵盂城或称钵盂。三天后，他开始翻越被称为"不过夜"（字面意思是"在上面不能休息的山"）的山岭。山上终年积雪，极度严寒。别人告诉他山上的湖或曾经是湖的地点是一条龙过去住的地方，它因为作恶被很早以前的国王施法术驱逐到这里。宋云从那里沿着艰险的山道走了4天，到达汉盘陀国的都城。此地据说位于葱岭山脉的最高峰，是天地的中心。

宋云写道，那里的居民靠引水灌溉农作物。他告诉他们中原的农民种地全靠天上下雨，他们不相信他的故事。汉盘陀城东是孟津河，往东北流向疏勒即喀什噶尔。在高高的葱岭上，草木不生。山脉以西，所有的河都向西流。宋云经过那里的时间正是中国农历八月，气温已开始转冷，大雁因北风而离去，整个地区下起了雪。

宋云对这个地区的描述并不像我们期望的那么细致，但毫无疑问，如同沙畹先生认定的那样，他的描述与萨里库勒中心的河谷非常吻合。他提到河床位于汉盘陀城东流向东北方向的河流，表明汉盘陀就在现在的塔什库尔干所在地（玄奘也有同样的描述）。回顾一下前面给出的对塔格杜木巴什河谷的简单描述就会明白，宋云对这个山区的气候、特征以及河谷中生长谷物地带的灌溉系统的观察是相当准确的。

从叶城到塔什库尔干的最直接、最常为人所行的道路经过冲着拉斯喀穆达里亚方向的山脉。在被称为"同"的萨里库勒人村落区附近，此路穿过拉斯喀穆达里亚，往前到达坎大哈山口。从那里经过四天行程到达塔什库尔干。看来很有可能这就是宋云所循的路线。我自己不曾走过这条路，通过斯文·赫定博士和迪亚斯上尉的描述也才仅仅了解了一些它西段的情况，所以我在此仅指出，被称为"同"的村落区很好地对应着宋云所言的城；而海拔16 600英尺、非常陡峭的坎大哈山口，无论从高度、翻越的困难程度还是相对距离方面来说，似乎是指不过夜山。

玄奘的纪行曾被我们引作关于古代萨里库勒的主要权威文献。他是从相反的方向上即从西面到达这个地区的。玄奘在印度长期旅行之后，大约于公元642年夏天启程返回唐朝。他穿过巴达赫尚，进入对应现在的瓦罕的达摩悉铁帝国。然后向东北方向行进7天之后到达波谜罗川（据《大唐西域记》和《大唐大慈恩寺三藏法师传》载，玄奘是从商弥国向东北行700余里至波谜罗川的，疑斯坦因此处有误——译者）。欧洲最早研究玄奘的学者明确无误地辨认出了波谜罗川指的是帕米尔地区。如同寇松勋爵曾指出的那样，玄奘所描述的那些突出特点："鲜明地描绘出一幅不会被错认的帕米尔地区的图画……仅仅留下一个疑问，即他穿过的具体是哪一个山谷或帕米尔。"和寇松勋爵以及大多数研究玄奘的人一样，我也相信有关键证据支持这一判断，即他所走的是穿过大帕米尔、经过维多利亚湖的这条路，因为只有维多利亚湖才符合玄奘"波谜罗川中"经过的"大龙池"的位置和大小。

寇松勋爵注意到，玄奘紧接其后的行程支持我们上面提到的这种认定。"自此川（波谜罗川）东南，路无人里，登山履险，惟多冰雪。行五百余里至朅盘陀国。"如果我们认为玄奘取道小帕米尔，经恰克马克丁库勒湖，那么这里所说的进一步向东南方向行进进入萨里库勒这一点就无法解释。看一下地图就能明白，如果旅行者要从恰克马克丁库勒向萨里库勒方向走，他需要首先沿阿克苏河谷向东北方向走一段距离，然后才能走上一条实际可行的越过分水岭到达塔什库尔干河的道路。

而如果我们假定玄奘途经的是大帕米尔，就不会有这种困难。从大帕米尔有两条通向萨里库勒居住中心的主要道路对旅行者开放。他或者可以朝大体向东的方向走，到达纳依扎塔什山口，从那里下来进入向东北方向延伸的兴地河谷，就将直接到达塔什库尔干。或者，他可以首先进入阿克苏河离开小帕米尔处的阿克苏河谷，然后往南到达塔格杜木巴什帕米尔的上部。这里要翻越分水岭有几处山口，其中帕依克或称帕依克山口是最常使用和最容易走的。

这条路的第一段可以有两种走法：要么从众所周知的较低处班德尔斯基山口（14 705英尺）或乌尔塔巴勒山口（14 090英尺）穿过分开大帕米尔和小帕米尔的所谓的尼古拉斯山；要么从也许更低的克孜勒拉巴特山口绕过这座山的东端。不管用哪种方法，这第二条路的总体方向都是东南走向。玄奘常以极高的精确度记录方位，而他的记录又常被证明是准确的。现在我们讨论的这条路与玄奘的记录极好地相吻合。仅仅这件事本身就是一个强烈的证据，使我们相信玄奘的确是沿着这条路旅行的。不过，还有更多的提示支持这一点。

玄奘行纪中巴达赫尚到和田一段的一些提法及《大唐大慈恩寺三藏法师传》一书中的陈述表明他是在春夏之际走的这段路。在一年中的这个时期，大帕米尔的路比起小帕米尔或经由瓦赫吉里走廊的路显然好走得多，因为在喷赤河河谷中沿着从维多利亚湖来的帕米尔河上行，几乎不会遇到什么克服不了的困难；而在萨尔哈德和兰干（山）之间很窄的山谷中，河流的暴涨使得那里的道路上几乎不可能进行货运。

　　值得注意的是，在同样的季节里，由于同样的原因即高山融雪，大帕米尔这一边向塔什库尔干的最近通道在纳依扎塔什山口之后的部分会遇到类似的困难。要从此山口下到塔什库尔干河谷，需通过兴地河20英里以上的一段多石的狭窄谷道。即使在更早些的季节里，这条河也有很大的水量。据一位有经验的观察者证实，走此路需要在无数的地方来回穿过这条河。这一切就使得此路对于负重马匹极为难行。另一方面，尽管帕依克山口（15 078英尺）比纳依扎塔什山口（14 920英尺）稍高，但那里却完全没有这一类障碍造成的危险，因而如同一位权威人士所说，那条路在整体上应该说是极为易行的。

　　上面这条路与玄奘在《大唐西域记》中写到的从波谜罗川到羯盘陀国有500里路程（或约5天行程）的记载完全吻合。根据印度勘测部关于帕米尔这一地区的最新地图，从大帕米尔东端经克孜勒拉巴特和帕依克山口，到达帕依克河谷进入塔格杜木巴什帕米尔的地方，全程约84英里。因此一天仅需前进约16英里便可以

图9　源于妫水的冰川，自向瓦赫吉里去的方向上看

到达达夫达尔村，开始进入萨里库勒主河谷的开垦区。

前面曾提到过，穿过达夫达尔村并走到帕依克山口是第三条连接萨里库勒和瓦罕的道路。它沿着塔格杜木巴什山谷的全程一直上行，然后在其顶部穿过瓦赫吉里山口，到达妫水支流喷赤河的源头（图9）。也许可以说，通常被称为“塔格杜木巴什帕米尔”

的河谷部分，是从瓦赫吉里山口一直到达夫达尔村之上一小段距离处河流向北急拐弯的地方。谷底的塔格杜木巴什帕米尔绵延着宽阔平坦的草地，与萨里库勒中心河谷连绵相接。它仿佛是自然创造的萨里库勒与瓦罕之间方便的通衢大道。

的确，将近16 200英尺高的瓦赫吉里山口比纳依扎塔什和帕依克山口都高，而且隆冬季节被积雪深埋。可是不论从东面还是西面走上去却都十分容易。类似地，由喷赤河河谷下到与小帕米尔道路相交的波再依拱拜孜，以及进一步下行到兰干（山）都不会遇到任何困难。与这种观察相应，我们发现特罗特上校1874年的调查证明，瓦赫吉里山口以前多被从巴达赫尚经塔格杜木巴什和"同"河谷的道路到莎车去的班交里商人所用。考虑到过去数个世纪以来兴都库什南北山区的商业活动在很大程度上掌握在这些很有创业精神的班交里商人手里，他们经常使用塔格杜木巴什帕米尔之路，这条路就拥有了一定的历史意义。

在萨里库勒和瓦罕之间进行有规律贸易的任何时期，塔格杜木巴什河谷之路都必定是特别受注意的，这是因为一个地形学上的事实，我们值得在此简单讨论一下。帕米尔有一个特点，似乎给任何时代的旅行者都留下了非常深刻的印象，即完全没有定居人口和缺乏当地资源。无论是中国古代朝圣者还是自马可·波罗和班奈迪特·郭兹起的欧洲旅行者的记载都反映出这种极度的隔绝感和严酷感。每一次像戈尔登上校远征或"帕米尔边境考察团"这样的大批西方访问者要在帕米尔通过或宿营，都需在供应和宿营地等方面进行非常细致的安排。由此我们也可想象，商旅或军队通过这一地区时，也必然会遇到那样的困难。

考虑到供应方面存在如此巨大的困难，旅行者的一个很重要的考虑必定是：只要其他方面的物质条件允许，选择的路线应当尽可能少地通过完全无人的居住区。通过瓦赫吉里山口的道路无疑在这方面具备优越性。从喷赤河河谷的最高点兰干出发（在那里还存在着村庄遗迹和过去的开垦痕迹），经过106英里多一点的路程就能够到达达夫达尔和萨里库勒主要河谷的垦区边缘。从同一出发点经小帕米尔、过纳依扎塔山口到塔什库尔干的最短路程全长120英里；而从塔什库尔干经大帕米尔到瓦罕中心部分的途中，行约180英里才能遇见一个永久定居区兰干克斯特。

第三节　萨里库勒的历史遗址

为了对萨里库勒和瓦罕之间的古代交通线进行全面的考察，我们在前面综述了塔格杜木巴什河谷的道路。现在我们再来看玄奘的旅行及他对萨里库勒即揭盘陀王国的记述。在仔细考察那些有古史意义的细节之前，我们应先说明，玄奘对此地的一般性描述，与我们今天观察到这里的自然特征相比，简直是一模一样。

揭盘陀被玄奘描述为方圆2 000里（即约20天的行程），那里"山岭连属，川原隘狭。谷稼俭少，菽麦丰多，林树稀，花果少。

原隰丘墟，城邑空旷"。关于居民的记述也与这种环境很一致。
"俗无礼议，人寡学艺。性既犷暴，力亦骁勇。容貌丑弊，衣服毡
褐。"尽管玄奘的记述显示出，在那样的山区里物质生活条件导致
了人们的粗鄙，但竭盘陀的居民却从佛教的信仰与文化中受益颇
多。"然知淳信，敬崇佛法。伽蓝十余所，僧徒五百余人。习学小
乘教说一切有部。"至于他们所使用的字母，与佉沙国即喀什噶尔
所使用的很相似。

据玄奘传记作者慧立的记述，玄奘在萨里库勒停留了约20天。
感谢他的停留，我们才通过他的记述中获知了关于这个国家都城
和王族的传统与传说的细节。关于王族起源的记述尤其有意思，
因为它证明，那时的萨里库勒人普遍相信他们的统治者的血统有
非常久远的历史。从此地流传至今的一个传说中，我们仍能辨认
出原来故事的主要特征。

根据玄奘的描述，当时的竭盘陀国王品格正直，虔信佛教，
喜好学习，接着他又告诉我们：

　　建国以来，多历年所。其自称云是至那提婆瞿呾罗（唐言汉
　　日天种）。此国之先，葱岭中荒川也。昔波利剌斯国王娶妇汉土。
　　迎归至此，时属兵乱，东西路绝。遂以王女置于孤峰，极危峻，
　　梯崖而上，下设周卫，警昼巡夜。时经三月，寇贼方静，欲趋归
　　路，女已有娠。

因此国王的使臣便召集其他随从人员商量怎样面对这个有失体面的后果。他从一个参加商议的人那里得知，有一个从日轮中来的精灵每天中午都骑马来此与公主相会，由于害怕回去后受到惩罚，这位使臣就决定停止行动，拖延时间以保安全。

于是即石峰上筑宫起馆，周三百余步，环宫筑城，立女为主，建官垂宪。至期产男，容貌妍丽。母摄政事，子称尊号。飞行虚空，控驭风云。威德遐被，声教远洽。邻域异国，莫不称臣。其王寿终，葬在此城东南百余里大山岩石室中。其尸干腊，今犹不坏。状赢瘠人，俨然如睡。时易衣服，恒置香花。子孙奕世，以迄于今。以其先祖之出，母则汉土之人，父乃日天之种，故其自称汉日天种。

玄奘还观察到王族成员在身体特征上很像唐朝人，着衣却是胡人的。很显然，他写下"后嗣陵夷"一语是想以此来解释这一点。

玄奘访问萨里库勒时听说的这个王族传说中曾汇入了怎样的历史事实的零丝残片呢？关于这一点，我们想近似地分析都是不可能的。然而几乎毫无疑问，这个传说广泛流传，在一般流行的信念中深深植根，因为我们发现，在今天的当地传统中仍无可置疑地保留着它的痕迹。在达夫达尔之上7英里多的塔格杜木巴什河左岸，峭立的悬崖上有古代石墙的遗迹。关于这些遗迹，有一个在萨里库勒人和克尔克孜人中同样广为人知的故事，说的是古波斯统治者瑞希尔宛王曾将他的女儿放在这里以求安全。因为这个故事，此遗迹一般被称为"克孜库尔干"，在突厥语中的意思是"女儿（或公主）堡"。[1]

很不走运，我是7月7日到达塔什库尔干之后才听说有这些遗迹存在的，故而两天前在河谷中下行经过那个地方时错过了参观的机会。尽管我迫切地想去那里亲自察看，然而，时间不允许我折回50多英里的路程。不过至少我曾不断地向人询问以确定这些遗迹的大概位置，设法了解了广泛流传的与之相关的传说。

无疑，在克孜库尔干的传说中我们看到了流行于玄奘的时代、较现在更为丰满的传说的真实遗迹。因此，赋予我们发现的克孜库尔干遗迹的位置以一定的历史意义应是合乎情理的。玄奘记述的故事表明，流行的传说不会把克孜库尔干山当作中国公主暂栖的安全之地，因为由之向西的路是被封闭的，除非在故事流行的当时有一条向西的主要道路通向塔格杜木巴什帕米尔（该山就耸立于塔格杜木巴什帕米尔的入口处）。克孜库尔干像现在几乎隔河与之相对的古夹克巴依现代哨所一样，实际上是所有要往上阿姆

1　1906年5月3日，我对公主堡遗址做过勘察。它由大量的石头和砖砌成垒壁，很显然这是古代防御工事，坐落在一座孤立的岩石尖坡西缘，此尖坡在塔格杜木巴什河水平面上约600英尺。尖坡的顶部很难到达，即便是那一侧，而其他方向根本无法攀登，此处乃形胜之地。遗址的勘察表明，它早期是一处避难所。——作者补遗

河去的旅行者的必经之地，不论他是通过瓦赫吉里还是帕依克山口。因此，与克孜库尔干这个地点相连的传说就提供了一个直接的证据，证明塔格杜木巴什帕米尔曾经是古代通用的交通线；此外还更进一步地支持了前面解释过的玄奘就是经由此路到达塔什库尔干的这一假定。

我们从前面引述过的《大唐西域记》的记载中得知，那位汉家公主和她那奇迹般地孕育，后来成为王朝建立者的儿子最初定居并统治萨里库勒的宫殿是建在"石峰上"的。因为缺乏反面证据，所以我们可以假定这个王家宫殿的遗址就在玄奘访问的揭盘陀国的都城内。关于此都城，玄奘还告诉我们，它"基大石岭，背徙多河"。这里提到的位置与现在塔什库尔干的位置如此相仿，所以亨利·于尔爵士首先提出塔什库尔干即是揭盘陀国都城的推测，可以被认为是定论。

现在的中国塔什库尔干哨所和它周围的城镇废墟占据着一个很长的岩石高地或坡地的一部分。塔格杜木巴什河从高地东面的脚下流过。《大唐西域记》前面有些段落明白地显示出，玄奘用"徙多"一语指的就是塔格杜木巴什河。那个名称是梵语Śita的转写，在那里用来指以塔格杜木巴什河为主要支流的叶尔羌河。玄奘的记述得到了宋云的证实。如我们曾指出的，宋云曾说到汉盘陀即萨里库勒都城的东面有一条河。尽管他用了一个不同的名称"孟津"来称呼这条河，然而他无疑指的就是塔格杜木巴什河，因为据他说此河流向东北疏勒即喀什噶尔的方向。

前面我已从地形学上解释了为什么塔什库尔干这一地带会成为萨里库勒的政治中心及塔里木盆地与上妫水之间所有道路的自然汇聚点。在萨里库勒河向东急转弯进入狭窄的兴地山谷之前，它的主河谷底部延展成为肥沃的河边平地。其中，塔什库尔干在居住、防卫能力和便于进入等方面比任何其他地方都具有更大的优越性。它占据着河床边陡然升起的绝壁群构成的狭窄而界限分明的高地。这块高地位于一片肥沃平原的最东缘。无数由兴贡河开出、从纳扎依塔什山口下行的灌溉引水渠在这里进入河谷，因而使得这片平原成为萨里库勒地区开垦程度最高的地方。这些引水渠携带下来的淤泥很有可能在相当程度上缩小了塔什库尔干所在之处与相连的平原之间的高度差。不过，在它的东面与南面，河流分出无数的支流，从那片宽阔延展的草原望去，就能充分意识到这块高地所处的俯瞰一切的位置。它的陡峭边缘高约100英尺，使得其上的城墙在很远的地方都十分引人注目。

如图10所示，城墙包围的范围完全可用"不规则四边形"一词来描述。四边形周长约1英里，占据着是高地的最高部分；向南和向北延伸的部分都被低浅洼地隔开，平地部分的水就经此洼地流到河中。围墙之内，东面冲着河的一小片地方被现在的中国哨所占据（图11）。除了那些砌起的高高土坯墙遮住了早期地基，高地边缘的其他地方都能显出过去很厚大而现在已毁弃的石墙的遗迹（图12）。建筑石墙使用的只是大小不同的未加工过的石头。尤其在地基部分，我们能发现很大的石块。然而由于斜坡上堆满

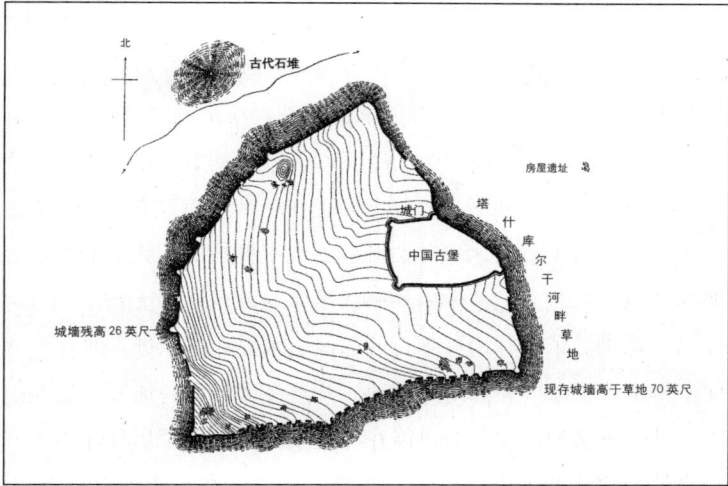

图 10　塔什库尔城堡遗址与周边环境平面图

了大量碎石，所以只能在某几个地点找到这样的大石块。北面和西面的城墙保存最好，其他地方都有很宽的缺口，据说是 30 多年前发生的一次大地震造成的。

在这片被围住的区域内部散布着坍塌毁坏的房屋，南面尤多。罕萨人侵袭造成的威胁一旦使得很少数的开垦者不能住在田地附近的时候，他们就住在这些碎石垒成的住所里。从 1892 年开始，

图 11 塔什库尔干废墟内部的堡垒

清政府控制了现在的塔什库尔干哨所，萨里库勒迎来了和平，所有的开垦区附近都雨后春笋般地冒出了新的村庄，防卫堡垒也被遗弃了。1895年的地震震塌了大部分以前的临时住所，也没必要再去重建了。

城墙早在以前的大地震中就已受损，此外，无论是阿古柏叛乱之前萨里库勒普遍动荡的一段时间还是在叛乱衰落之后，这些

图 12　塔什库尔干的城垣废墟

城墙的一般性毁损都无人理会。城墙当然会被一遍遍重修，用的总是未加工过的石头，这就使得现在陷于废墟中的城墙很难供断定年代之用。不过，现存城墙下高高的碎石堆表明，城墙所在的位置可能也是更久远时代里防卫设施的所在地。

　　萨里库勒的当地传说一致确认塔什库尔干城（以其旧称沃尔夏德赫出现）有久远的历史，认为它的缔造者是波斯史诗传说中被突出描绘的吐兰王阿福拉斯亚布。我在当地没有听到任何发现了古代钱币或其他古物之类的事，但这并不足以否定传说中此地拥有久远历史的事实，因为这个地方不断被占领，使得任何古代遗迹都会被深埋在不断积累的垃圾底下，而此地极少的降雨又不足以使它们重见天日。同样，我们也不必因为城墙的实际周长与玄奘所记的20里（约合4英里）不符而怀疑塔什库尔干就是玄奘所说的萨里库勒都城，因为在人口更多、更加繁荣的时代，城镇占据的地方一定会延伸得更远，或者达到我们前面提到的高地的较低部分，或者一直延伸到相连的平原。

城镇规模的上述差别使我们很难对玄奘提到的王宫和其他建筑所占的位置有一个明确的看法。我们已经看到，根据前面提到的传说，汉家公主和她奇迹般降生的儿子所建的宫殿据说"周三百余步"。如果这里的"步"指的是通常所说的两步，那么令人感兴趣的是，这个长度就与现在城内建在早期地基上的堡垒的周长（1 300英尺）相吻合。

无忧王（阿育王）命世，即其宫中建窣堵波。其王于后迁居宫东北隅，以其故宫为尊者童受论师建僧伽蓝。台阁高广，佛像威严。尊者，呾叉始罗国人也，幼而颖悟，早离俗尘。

玄奘接下来叙述了童受论师精神上的卓异之处，这些特异的地方使他像东方的马鸣、南方的提婆和西方的猛龙一般成为北方有名的大师。

故此国王闻尊者盛德，兴兵动众伐呾叉始罗国，胁而得之，建此伽蓝，式昭瞻仰。

这一记载令人感兴趣的地方在于，闭据山中的萨里库勒小地竟可以夸耀它的一座伽蓝与印度赫赫有名的大佛寺之间的渊源。不过记载本身并不能帮助我们确定伽蓝的位置，而我们相信，伽蓝位置应能指示出过去王宫的所在地。我没有机会去察看中国堡垒的内部；而由于一个又一个时代的建筑施工积累起比相邻旧城地面高出60~80英尺的坚硬黏土和土坯堆，我想，不管是曾经多么壮丽的古代建筑的遗迹，不经大规模的发掘，现在都很难找到任何踪迹。

在堡垒之外、毁损城墙之内，积累的碎片结结实实地遮住了此地可能拥有的古代建筑的任何遗迹。然而，在这片被围之处西北面以外约150码远、穿过砾岩高地的干涸浅水道之处，地面上却隆起一个圆形的明显是人工形成的石堆，看来像是一座毁损严重的佛塔。现在的石堆高约30英尺，直径逾200英尺，看来当初一定有相当规模。石堆由粗糙的石头构成，其间是一层层的砂浆。驻守堡垒的士兵为了盛放砂浆而在石块上凿洞。我们可以看出，他们的凿石头的方式、石堆的建筑风格与旁遮普和印度西北边境等容易获得石料的地区的许多古代佛塔内部结构非常相似。尽管这一点证明它是一处古迹，然而考虑到周围地区并没有发现其他毁损遗迹以及这座佛塔本身的状况，我怀疑我们是否有充足的理由相信这座佛塔代表的就是阿育王所建的佛塔。

因此说来，没有明确的提示能够指引我们找到玄奘的时代传说中王朝建立者最初居住地点的那些建筑。然而，关于王朝建立者的传说，却有一个一直留存至今的痕迹，那就是"阿福拉斯亚布"一名。这个名称现在被用来命名插入塔什库尔干东部和东南面河谷的高而突出的山的支脉。我们已经提到过，萨里库勒目前的传说表明，他们认为伊朗史诗中传奇式的吐兰王阿福拉斯亚布是沃尔夏德赫即塔什库尔干的建立者。另一方面，我们记得玄奘耳闻的传说讲到，朅盘陀国的第一个国王葬在其都城东南100多里（约一天行程）的大山的岩石洞中。虽然现在已不再能听到这样的传说，但是很明显，它能够解释为什么用"阿福拉斯亚布"这个名称指代朝圣者记载所指的位置上的那条山脉的一条支脉。

我们前面解释过了萨里库勒人口的种族特征，所以我们对当地的各种传说都与伊朗传奇故事有关这一点，不应感到惊讶。我们已经看到古代波斯史诗中的英雄人物璐希尔宛的名字是怎样通过流行传说被引入了克孜库尔干的古代传说中。我还得知当地一个古代引水渠的传说。这条引水渠以前把达夫达尔附近的塔格杜木巴什河水沿着山脚向塔什库尔干对面的分布着许多小村庄的居住区吐格兰夏尔。在这个传说中，又有一些波斯浪漫故事中很有名的名字。支撑这条引水渠的渠壁据说是由加工过的石头建成的，现在有很多地方都毁损了。故事是这样的：一个住在沃尔夏德赫的女子希琳告诉她的情人法赫德，如果他能够建造一个引水系统把水引到吐格兰夏尔的田地中，并且这个引水系统大到能冲走一头牛，那么她就答应他的追求。于是法赫德就建造了这条现已处于废墟之中的引水渠。尽管这条引水渠的水流没有达到希琳的要求，但法赫德还是达到了自己的目的。他把一张塞满草的空牛皮放到水里，这头"牛"就很容易地被水冲下去了。

时间不允许我去考察这个古代灌溉工程的痕迹了，然而它无疑曾使吐格兰夏尔之上河右岸那些曾经宽广肥沃而现已被废弃的土地得到灌溉。至于说到这个地区曾一度生活过大量人口的证据，那就是玉尔嘎勒拱拜孜和吐格兰夏尔之间的一个被称为"巴扎达希特"的地方仍有土坯建的成排店铺的遗迹。这表明此地以前曾经是一个集市。

与我们刚刚追忆的波斯故事有关，应该提到沃尔夏德赫——说萨里库勒语的居民用以前对塔什库尔干的称呼——也明显地带着伊朗的痕迹。

我们发现，在玄奘关于萨里库勒的记述中，除了都城他还特别提到其他两个地方。一个是有两个石室的大石崖，每个石室里面都有一个完全入定的罗汉。尽管经过了许多个世纪，他们的身体却都没有腐朽。现在已不能断定这个石崖的位置。据称它在城东南300里之处，所以，也许我们可以到塔什库尔干东南方向最近的支流瓦恰河流域的高山区里寻找。

另一个地方是给旅行者的暂时住所奔攘舍罗。玄奘是离开都城向东南方向行进200里地，"逾岭履险"到达这里的。据描述，它处于"葱岭东冈，四山之中，地方百余顷"。"正中垫下，冬夏积雪，风寒飘劲。畴垅舄卤，稼穑不滋，既无林树，唯有细草。时虽暑热，而多风雪，人徒才入，云雾已兴。商侣往来，苦斯艰险。"

然后，玄奘就引述了一个老故事。说的是曾有一大批商人，带着成千上万的随从和骆驼，被风雪所阻，人畜俱丧。揭盘陀国的一个大罗汉没能及时将他们救出，就将商旅留下的珍宝收集起来，建成一座房舍，在其中储蓄资财，又在邻国买下了土地，用赚来的钱在边境城镇为过往的旅行者提供住所。

考虑到玄奘离开塔什库尔干之后所行道路的方向和他所标示的距离，很明显，上述客舍的位置应该在其其克里克高地上。这块高地是一片位置较高的宽阔河谷，从萨里库勒到喀什噶尔和莎车去的主要道路在离塔什库尔干两天行程的地方穿过此地。所有沿着上述方向的旅行者，无论他是通过哪个山口（英达坂，亚木布拉克达坂或其其克里克达坂）来翻越从慕士塔格阿塔向南延伸的大山脉中的第二座，他们都必须通过其其克里克。参考一下福赛思爵士的考察团中对这条经常有人走的道路的细节记录，或寇松勋爵的帕米尔地图，就能够明白这一点。

其其克里克是穿越第一道和第二道山脉的山口之间的自然休整之地，这个重要位置以及它的海拔，解释了为什么要在这里提供一间客舍。虽然我不曾找到关于其其克里克高度的确切观察资料，但从特罗特上校的描述，以及我们确知的它两面的山口高度（西南方向库科莫伊纳克山口海拔15 670英尺，东北方向几乎察觉不出的分水岭海拔14 480英尺），我们也许可以作出结论：其其克里克平地的海拔不会低于14 000英尺。不管玄奘的百顷的数据确切地相当于多少，但至少很明白，它指的是一片开阔平坦的地方，而从萨里库勒穿过山脉往东北方向的道路上，这样平坦的地方实在是少见。因此我们也就能够理解了，为什么其其克里克这个直径约1.5英里的平地在玄奘的叙述中被特别提及。

玄奘叙述中暗示的一座大萨拉伊（宫殿——译者）的遗迹是否还能在其其克里克找到，这一点我只能留给未来的访问者去调查了。然而，在他之后将近一千年，有一位旅行的圣徒曾循着他的足迹穿过其其克里克，他的经历使我们深刻体会到，玄奘所描述的这块高地的严酷环境和旅行者所遭受的困苦本质上是有多么真实。

公元1603年，传教的热望驱使着没有神职的耶稣会教士班奈迪特·郭兹从阿克巴尔的宫廷出发去寻找传说中的中国。他像玄奘一样从印度经喀布尔和巴达赫尚的路到达上阿姆河。由郭兹生前笔记编辑而成的旅行记非常简略，因而使我们感到迷惑，不知道他走的是哪条路，但我们却可以追寻他走向塔什库尔干的足迹。因为我们读到，在与世隔绝的高山中旅行20天之后，他和结伴而行的商人的大喀菲拉到达萨尔科勒（即萨里库勒）省。在那里，他们发现了一些几乎连在一起的小村落。他们在那里停留了两天，休整马匹。又过了两天之后，他们就到达了被称为"其其里亚里斯"（即"其其克里克"）的山脚下。那里覆盖着厚厚的积雪。上山的过程中，许多人被冻死了，郭兹自己也险些丧命，因为他们有6天的时间都被困在风雪中。最后他们到达了一处属于喀什噶尔王国的地方——唐依塔尔。15天后，他们到达亚阔尼奇，即亚喀阿里克镇。又过了5天，班奈迪特·郭兹就到达了被称为"叶尔羌"（莎车）的都城。

班奈迪特·郭兹旅程所经的几段路在很早以前就已被亨利·于尔爵士确定下来。尽管郭兹的记录非常简略，却足以表明玄奘故事中所反映出的恐怖完全不是没有根据的。

第四节　从萨里库勒到喀什噶尔

1900年7月10日，我离开塔什库尔干之后沿着玄奘的足迹开始向喀什噶尔行进。不过，在帕米尔的东部群山和高大的慕士塔格山之间，我之所以选择这条路主要还是因为地理学上的兴趣。这条路穿过海拔很高的高山峡谷，然后下行通过雅曼亚尔河狭窄而又极为荒凉、从没有任何成规模的永久居住区的峡谷，看来不大可能观察到什么古迹。我沿着它走过慕士塔格阿塔，到达小卡拉库里湖，然后绕过顶部覆盖着巨大冰川的高山的脚下向北进入格孜隘道。此路在塔希马里克最终进入喀什噶尔的开阔平原。尽管这条路谈不上比通常所取的过其其克里克山口经英吉沙的路更难走，但它的距离却较长，而且在相对来说长得多的距离上通过未开垦或没有永久居住区的地带。

正是上面所说的后一事实使我相信，科尔迪尔教授沿着此路追寻马可·波罗从中帕米尔到喀什噶尔的旅行路线是对的。马可·波罗这位威尼斯旅行者从瓦罕出发，三天之后到达一个"其高度据说是世界最高的地方"的大湖（可能是维多利亚湖或恰克马克湖）。然后他忠实地描写了被称为"帕蔑尔"的沙丘盆地。他在其间骑马走了12天。接着，他写道："现在如果我们继续向东北东的方向旅行，我们就将要旅行达40天，连续地通过山脉、丘陵或河谷，跨过许多河流和许多片荒野之地。在这一路上，你无法发现人迹或绿色的东西，因此必须携带上所有你需要的物资。"

这里引述的连续通过"荒野地带"的说法明显表明，出于某种原因，马可·波罗没有通过塔什库尔干或塔噶尔马的被开垦过的河谷。而如果他走向喀什噶尔（他后来讲到的地方）的路线经过其其克里克山口，就必须经过上述河谷。所以我们可以假定，他或通过大帕米尔，或通过小帕米尔后，沿着阿克苏河下行了一段距离，然后穿过东面分水岭的无数山口中的一个，走上了那条通过慕士塔格阿塔而后进入格孜隘道的路。我曾对科尔迪尔教授对马可·波罗此段行程的批判性分析进行过简单的补充说明，指出，如果谁穿过了帕米尔地区，走过了在慕士塔格阿塔山西面和北面绕行延伸的河谷，都会特别无保留地欣赏马可·波罗这位伟大的威尼斯人对从帕米尔湖往东——北东方向行进的40天旅行的描述。离开塔什库尔干和塔噶尔马之后、到达塔希马里克绿洲之前这一段路，无法获得任何当地的物产。在构成格孜隘道的雅曼亚尔河狭窄的河谷里，几乎没有任何植被。一直到进入平原的入口处，这条路实际上看起来都比高海拔的帕米尔地区要荒凉得多。

上述路线对于一个装备适当的旅行者来说仅需十五六天的时间就能够完成，即使夏天洪水封住了通过下格孜隘道的路段，因而必须绕行托库孜达坂即"九个山口"的情况时也是如此。由于缺乏任何关于马可·波罗一行旅行方式和季节的实据，贸然去解释他为什么要用40天的时间来走完这一段行程并没有什么实际意义。不过，值得一提的是，班奈迪特·郭兹也曾说到，如果雪很大，穿过帕眉奇（即帕米尔）的沙漠就需要40天。这一点已经被亨利·于尔爵士已经注意到了。再参考一下那位传教的旅行者记录的通过其其克里克山口那条路线的经历也许会有所启示。根据与前面同样的文献，他似乎花了不少于28天的时间才完成从萨里库勒（即塔什库尔干）的村落到叶尔羌（莎车）的旅程。这一段路长约188英里，从现在看则仅需10天的时间。

我在前面曾引述资料说明，从萨里库勒到喀什噶尔的通常路线要经过其其克里克山口，然后经英吉沙；而且我相信我们能够证明玄奘走的也是这条路。我们上面分析这位朝圣者的行迹时，跟踪他的足迹一直跟到了其其克里克高地。关于这块高地，他正确地描述说它处在离萨里库勒都城200里（即两天旅行的距离）处。《大唐西域记》其后的记述告诉我们，玄奘"从此（其其克里克所在地）东下葱岭东冈，登危岭，越洞谷，溪径险阻，风雪相继。行八百余里，出葱岭，至乌铩国"。

这一地区被描述为"周千余里"（即10天行程），南邻徙多河（或称叶尔羌河）。其主城镇的位置没有明确说明，不过其规模肯定很小，因为周长估计仅有10里即约2英里。

地土沃壤，稼穑殷盛。林树郁茂，花果具繁。多出杂玉，则有白玉、黳玉、青玉。气序和，风雨顺。俗寡礼义，人性刚犷。多诡诈，少廉耻。文字语言，少同佉沙国。容貌丑弊，衣服皮褐。然能崇信，敬奉佛法。伽蓝十余所，僧徒减千人，习学小乘教说一切有部。自数百年王族绝嗣，无别君长，役属竭盘陀国。

上述关于乌铩的描述，地理学方面的数据不足，而我们也无法通过中国的唐代历史记载来加以补充，因为在那里，大概是乌铩国长期持续臣服于竭盘陀即萨里库勒的缘故吧，在名称上似乎并不与竭盘陀相区分。所幸，将玄奘所述的有限内容与地图作一下对比，就能够以不错的精确度定下乌铩国的边界。我们看到徙多河（即扎拉普香或称叶尔羌河）构成它的南部边界。从玄奘后面的记述中我们又得知它的北面与佉沙国即喀什噶尔相连，玄奘是从乌铩向北，穿过岩石山丘和沙漠平原行进500里后到达喀什噶尔的。在上述界限之内，地图向我们显示出一条可开垦的狭长地带，是由慕士塔格阿塔伸下的支脉山脚与大沙漠最西部之间一串分立的绿洲构成的。在这片地方的东南端，我们看到有大叶尔羌（莎车）绿洲；而在重要性和面积方面仅次于它的肥沃的英吉沙地区则位于这个地带的西北端。

目前的莎车地区位于新疆最大的河流流出山脉的地方，因此一定一直在灌溉方面具有极为特殊的优越性。所以也许可以推测，如同现在一样，在玄奘的时代这里也是上面定义的地带（即推定的乌铩国的地带——译者）中人口最多、最为富庶的部分。不过，很难相信莎车在古代会如同它在近几个世纪尤其是伊斯兰时期里一样拥有那样的政治经济上的重要性，因为中国文献记载使我们能够跟踪喀什噶尔、叶城和和田这一个个彼此独立的、相当强大的国家从汉代起的命运，而它却不知道有这么一个作为相当显眼地区的中心的莎车。米尔扎·海达尔关于其民族历史的著作《拉施德史》是现有关于塔里木地区的最好的伊斯兰权威文献。他明确地告诉我们，在他祖先的时代，“莎车是英吉沙的伴城”。他的叔叔米尔扎·阿巴·巴克尔首先将莎车作为自己的都城，并把它建成现在的样子，也是塔里木盆地六城里最大、也许也是最富裕的一个。

上面这些事实使我们感到不能就此确定乌铩国的主城镇就是莎车，尽管这种想法颇有吸引力。乌铩国到佉沙国的距离据玄奘描述是500里即5天的行程。根据玄奘通常的习惯，这里指的是从都城到都城的距离。这一点与现在通常认为的从莎车到喀什噶尔之间 5 天行程的看法非常吻合。可是方向的吻合度就没有这么好了，喀什噶尔是在莎车的西北，而不是玄奘所记的北方。

这里标示出的行进方向以及记下的其其克里克高地与乌铩国境的距离相对来说较短，使我相信玄奘所循的是经过其赫勒拱拜孜、依格孜亚尔和英吉沙的通向喀什噶尔的直接路线，虽经乌铩国但也许并没有亲自去访问其主城镇。在依格孜亚这个大村落，从萨里库勒到去喀什噶尔的主要道路首次进入一片定居区，由此向差不多正北的方向走就可以到达喀什噶尔。在到达这个村落之前，要在外部山丘中走两天，大体上也是沿着这一方向的。至于距离，值得注意的是玄奘记述的通过困难路段"登危岭，越洞谷"的 800 里即 8 天行程（其间一次严重的意外还弄翻了他的车），与通常设想的其其克里克和依格孜亚之间 7 段路程（共约 78 英里）的相符程度，比和同样困难然而距离更长的通往莎车的路的相符程度要高得多。这后一条路在其赫勒拱拜孜（在其其克里克之上 3 天行程）离开塔什库尔干至喀什噶尔的主路，直到离其其克里克约 119 英里距离的亚喀阿里克才能遇见永久定居区[1]。

1　根据慧立《玄奘传》记载，玄奘的队伍在从揭盘陀出发后的第五天遭到劫匪袭击。与他同行的商人逃上了陡峭的山坡，有几头大象掉下河里淹死了。劫匪走了之后，玄奘与商人们慢慢前行。大象掉下河流的事实，加上事情发生的时间，说明了在沿狭窄的唐吉塔尔河旅行的危险性，而在整个从其其克里克到罗伯特山口的这条路线上，情况都差不多。

离开依格孜亚后，向喀什噶尔旅行的人们就要通过相当距离的荒秃岩石山坡和低矮的残缺山丘而后到达英吉沙。此后第一天的旅行中要走过很大一片沙漠，这一部分的实际景观与玄奘关于乌铩到佉沙道路的描述非常相符。

玄奘对乌铩的物产、气候等的一般描述中提到，在那里发现有玉石，这件事很值得注意。在我现在所确认的乌铩所在地之内，我目前想不起有关玉石开采的确凿证据。不过也不应假定这种很贵重的石头在塔里木盆地仅限于和田地区出产（和田已变得主要因玉石而闻名）。从布舍尔博士的通信中我了解到，现代中国关于新疆的文献中明确提到，在叶尔羌河附近的山里有开采玉石的情形。只是不清楚这里所指的地方中是否有些并不位于河的北岸古代乌铩国境内。我目前唯一能够接触到的这类记载是理特的《西域文献录》摘引。那里提到一个离莎车230里远、被称为"米尔德萨依"的产玉的地方，可是我无法找到它的位置[1]。不管怎样，最好记得一位最有发言权的地质学家说过的："在整个昆仑山地区，只要是有云母和大理石片麻岩的地方，就可以肯定该地也会有玉石。"

玄奘用较多的笔墨记下了一个与乌铩有关的宗教方面的传说，

---

[1] 写了上面那些以后，我又从我以前的莎车仆人穆罕默德朱那里得知，莎车和亚喀阿里克之间的一个叫库祖马勒的村子旁边的莎车河中，每年洪水季节都可以打捞出许多玉石。

这一点特别有意思，因为如果我对其中地点的判定正确，它就提供了一个新的证据，证明如同在东方的其他地方一样，在新疆流行的传说和崇拜能够多么顽强地经历宗教与种族的变迁而存活下来。

《大唐西域记》这样告诉我们：

（乌铩）城西二百余里至大山。山气巃嵷，触石兴云。崖隒峥嵘，将崩未坠。其巅窣堵波，郁然奇制也。闻诸土俗曰：数百年前，山崖崩圮，中有苾刍，瞑目而坐。躯量伟大，形容枯槁。须发下垂，被肩蒙面。

玄奘接下来讲到一个猎人如何看到了这个罗汉，并报告给了国王。国王亲自去看，恭拜了罗汉。随从的一个和尚对他解释说，这个罗汉完全处于入定状态，"入灭心定"，又提示了国王使罗汉出定的方法。于是他们将这种方法应用了一下。这个罗汉"豁然高视"，问起他的师父迦叶波和释迦。当听说他们两位很久以前就涅槃了，他低头良久。然后就升起到空中，奇迹般地化出一股火焚烧着他自己的身体，烧过的骨头落到地上。"王收其骨，建佛塔。"

在伟大的慕士塔格阿塔峰周围度过一段时间，目睹过它周围所有山谷里的克尔克孜人对山峰的巍峨冰冠的迷信式崇仰，谁都会想起玄奘记下的围绕这座冰山之父的山峰的传说。在我短暂的围绕慕士塔格阿塔勘察的行动中，接触到的克尔克孜人告诉我这个传说的一种最简单的版本。一个白头发的皮尔住在这个冰雪覆盖、完全无法攀登的绝顶。很久以前，那些爱好冒险的猎人曾经看到过他。1894—1895年斯文·赫定博士在这一地区停留期间听到的另一些克尔克孜传说是将这座圣山称为"巨大的圣人麻扎"（伊斯兰教墓地——译者），在那里停居着摩西和阿里等人的灵魂。有些关于住在慕士塔格阿塔上的圣者给人以神秘帮助的故事，又与一般流行传说中喀什噶尔的和卓人与清政府之间斗争而清政府最终在帕米尔经受了一些挫折的故事（公元1759年）穿插交错在一起。克尔克孜人认为，在慕士塔格阿塔的顶上有一座古代城市，那里的居民永远地生活在毫无缺憾的幸福之中。

慕士塔格阿塔的巨大高度（24 321英尺）和它所占据的君临天下的位置使得人们在莎车周围和通向英吉沙沿路的平原上，只要平原空气中特有的尘雾不起，就能够从很远的地方看见它闪光的峰顶。的确，这样的机会很稀少，但也许正是这一点使得这座遥远冰山的惊鸿一瞥变得更加令人难忘。从莎车望去，它几乎是在正西方向，而玄奘所说的有着一座神秘佛塔的高峰正是在乌铩主镇的正西方。不过的确，他所记载的"二百余里"的距离无论用什么比例来说都太小了，因为慕士塔格阿塔距莎车的直线距离不少于118英里，与英吉沙的直线距离不少于65英里。然而必须记住，无论是玄奘的叙述还是他的传记都没有表明他曾访问过乌铩都城或真正见过那座佛塔所在的高峰。如果玄奘仅仅是在慕士塔

图 13　自夏马勒达山脊看到的慕士塔格阿塔峰

图 14　自小喀拉库里湖看到的慕士塔格阿塔峰

格阿塔附近山中行走时道听途说了这个传说，那么我们就不该太惊讶为什么他低估了那个距离。

不管怎么来看上述观点，有一点是可以肯定的，这座高高隆起于其他山峦之上的巨大冰雪穹顶引人注目的形状一定在玄奘的眼中形象地代表了一座巨型的佛塔。慕士塔格阿塔峰的鲜明形态比它的高度更能将它与帕米尔的所有其他冰雪覆盖的山峰区别开来。我在夏马勒达山脊（图13）和小喀拉库里湖（图14）所拍摄的它的西面和北面的照片显示出了它的形状。要是从更远的距离看去，这座雄伟的山峰就显得更加突出，正如我在去塔什库尔干的路上直线距离约50英里远的地方第一次看见它闪光的穹顶时那样。希望将来的某个旅行者能够拍下它的长焦照片，那才能真正地展示出它"冰山之父"的容颜。

就像各个时期的印度教徒会崇拜自生塔（即自造）的形象一样，佛教徒会欣然地崇拜与传统佛塔有类似样子的自然物体。应该提到，在印度教的情形中，因有特殊形状而被崇拜的岩石、山峰等的起源总是能够追溯到某种奇迹般的事件或类似的超常机缘。看来我们很有可能要从这种意义上来解释那个佛教传说的内容——它把"郁然奇制"的一座佛塔的形成与一位古代国王所目睹的奇迹联系了起来。

第三章

关于喀什噶尔的历史记载

第一节 喀什噶尔的旧称

从艰难的格孜隘道走出来进入塔什马里克的肥沃绿洲之后，我于1900年7月29日到达喀什噶尔。在那里，我停留的时间比在中国新疆的任何其他地方都要长。我在喀什噶尔停留的时间延长到整整五个星期，主要是因为在开始下面目标的探险之前，有无数的具体事情需要我操心。因为这些准备工作对我成功地完成后来的工作非常重要，这些准备工作包括细心地组织我在和田周围及沙漠地区旅行所需的车辆，还有为了我计划中的探险，要采取一些步骤熟悉了解中国官员以保证他们对我的探险持有好意。在所有这些准备工作中，对我最具价值的是印度政府驻喀什噶尔的政治代表、我的朋友马继业先生给我的有经验的建议和私人帮助。

在我停留期间，我注意仔细检查了喀什噶尔和周围地区存留下来的任何前伊斯兰时期的古遗迹。很可惜，相对此地的久远历史和几个时期里相继以喀什噶尔为都城的那片地区的历史重要性而言，这样的遗迹无论怎么说都太少了。上述历史重要性促使我在查看现存考古遗迹的描述之前，想首先浏览所有可接触到的关于这个王国和城市在伊斯兰化之前状况的记载。几乎所有这些记载都仅限于汉文，因而我只好通过第二手资料来接触到，所以下面的概述在完整性和细节的精确性方面都受到了限制。

尽管喀什噶尔在相继时期的汉文文献中名称不同，但这些名字指代的是什么地方，这一点从无疑问。由此我们也可以看出中国人拥有的关于喀什噶尔历史知识的连续性。从西汉——古代中国的影响第一次触及西域诸国的时候起，一直到唐代，目前的喀什噶尔地区一般都被称为"疏勒"。在宋云、鸠摩罗什、法芸、法护和悟空的游记中，喀什噶尔被称为"沙勒"。《悟空行纪》尤其指出沙勒和疏勒指代的是同一地方。

在玄奘的《大唐西域记》及《唐书》中一段显然从《大唐西域记》转录的文字中，我们又看到"佉沙"这个名称。可以肯定，它的发音与现在的"喀什噶尔"一词有某种形式的联系。在《唐书》的同一节中，迦师镇被指为喀什噶尔的国王居住地，其来历显然也与喀什噶尔的名称紧密相连。由朝圣者智猛所使用的"奇沙"一词和法显的"竭叉"一词（沙畹先生对于上述行纪令人信服的分析证明它们指的就是喀什噶尔）中可以看到更早的对于旧时当地名称的一种转写。

从阿拉伯控制中亚这一部分的最早时期起，就能够在伊斯兰文献中发现以喀什噶尔这个形式本身出现的地名。由于突厥语在某些辅音上的自由性，这一名称有几种不同的拼法和发音方法，如"Kāshghar""Kāshgar""Qāshqar"，等等。公元8世纪末，从唐朝治理塔里木盆地的时候起，"喀什噶尔"这一名称就唯一地被沿用下来。自那以后的中国文献记载都一直使用"Kashgar"一名的转写来指那片地区和喀什噶尔城，尽管有学问的中国人从来都很清楚它指的就是早期的疏勒。

我们不该感到惊讶，如此重要的一个地区的好几个名称，在东方和西方都构成了学术领域上的词源学和一般大众讨论的题目。在中国佛教文献中能发现两个早期猜测，试图解释"疏勒"一名的来源。弗兰克博士和皮舍尔教授最近以相当篇幅对此进行了详细的讨论。这两种尝试的兴趣主要在于这样一个事实上，即"疏勒"一词源于设想中的此地名称的梵语形式，所以看来是当地佛教的产物。第一种尝试出现在唐代编写的《大方广佛华严经》里的注释中，以及一个叫西琳的喀什噶尔当地人所编的佛教编纂物里。在那里，"疏勒"据称是"Ch'ia-lu-shu-tan-lê"这一梵语词的缩写，原词意思是"拥有坏性质（的土地）"，又据说用它来指代此地区的一座山。"那个地方的居民性格粗鄙诡怪，故有此称。"

列维教授第一个提出了这样一种令人感兴趣的"疏勒"一词的演变方式。他认为 Ch'ia-lu-shu-tan-lê 实际上是 Kharoṣṭra 的转写，而后者是喀什噶尔的古称；西北印度的佉卢文字就是由这个词得名的。这个猜想尽管很巧妙，但我认为在无数由此推出的反对它的强烈论证面前，它很难站得住脚。像喀什噶尔这样一个距印度遥远、直到公元前后佛教出现后才受到印度文化影响的地区，却能够以它的名称命名一种公元前3世纪时已在印度河沿岸和旁遮普的部分地区普遍使用的印度文字，看来是不太可能的事。中国佛教文献中一致记载的"佉卢文"一词的演变渊源（由梵语名 Kharoṣṭha 而来，字面意思是"驴唇"）无法与上述设想中的 Kharoṣṭra 的形式协调起来。另一方面，实际记录下来的 Chʽia-lu-shu-tan-lê 一词倒是可以解释为其他一些梵语词语的转写，如Kaluṣāntara、Kaluṣadhara 或 Kalusottara，其意思是"拥有坏性格"，与上引的"疏勒"一名来源所假定的意思一样。

弗兰克博士认为上述来源实际上不过是一些懂梵语的佛教学者的一种杜撰。在我看来，这一观点颇有理由。一个很关键的事实是，《汉书》和《后汉书》中自公元前2世纪起，就在同时代的可信记载的基础上常常提到喀什噶尔，而它们所用的唯一的名称就是"疏勒"。如果认为这个名称是由更完整的梵语形式缩写而来，那么就要假定喀什噶尔在公元前2世纪之前相当长的时期里就已被具有印度语言文化的人口所占据。这一假定与目前所掌握的任何历史证据都是相违背的。所以我们就不得不作出结论，上述所宣称的词源仅仅是一种学者式的妙语罢了，产生于晚些时期，那时梵语作为中亚佛教的寺院语言已在塔里木地区广泛流行。

在对玄奘关于喀什噶尔记载的一个注释中，我们发现了对"疏勒"一词来源的第二种解释，即认为"疏勒"是"室利讫栗多底"一词的残留。对此种解释我们同样无法给予更多的重视。同样很明显，这里认为"疏勒"来源于梵语，但并未提供给我们据称的原词的意思。考虑到这种解释很牵强，我们也就不必对上述缺陷感到遗憾了。

不过在结束讨论"疏勒"这个旧称之前，应当指出，弗兰克博士提出汉文名称的更早些的发音可能是 Sulek 或 Surak，而且早期藏文记载中赋予喀什噶尔的 Shulik 一称看来是支持这种念法的。

西方学者的词源猜测自然是转向"喀什噶尔"这个名称。自从伊斯兰化的最早时期起，那个地区和它的主镇都用这一名称来称呼。由于发音相似，一批著名学者，从桂格讷斯和安维勒到拉森和圣马丁，都将喀什噶尔之名与托勒密的 Κάσια ὄρη 联系起来。但是李希霍芬在仔细分析托勒密地理学的这一部分时，已经结论性地证明了卡斯亚山脉代表大昆仑山；而此山与喀什噶尔之间相距甚远，在这两个名称之间建立直接联系的假定就站不住脚了。

欧伊根·布尔诺夫这位学者又第一个在上述的"Κάσια ὄρη ＝ Kashgar"的等式上附加了另一个同样成问题的猜测，认为这两个名称都是由梵语文书中经常提到的阿萨种族而来的。这个指认从地理学角度来讲，其问题同样无法逃脱李希霍芬的批判性判决。李希霍芬已正确地指出我们所知的阿萨人所处之地与喀什噶尔相距有多么遥远。

在梵语文学中，阿萨用来指分布在喜马拉雅地区、彼此相距甚远的地方的山间部落，而且它的指代常常很含糊。不过很幸运，处于印度西北部的阿萨人的领界边界清楚。在梵语的准地理学的记录中，他们一般与达尔德人有关。而只有达尔德人有可能被想到与喀什噶尔有关。我仔细分析了喀勒哈纳的梵语版《克什米尔诸王编年史》中提到关于阿萨人的无数段落，证明了他们占据着在南面与西面环绕着克什米尔的山谷。由于其中西面方向上耶拉姆和克甀甘加河之间的居住地，他们与印度河流域河谷的达尔德人成为近邻。

我们现在已了解这些大山脉，又知道了喀什噶尔与阿萨人居地间的距离构成了同样巨大的障碍，所以似乎根本不必再引述布尔诺夫的猜测。然而，印度学学者皮舍尔教授最近在一个完全不同的根据之上修正了布尔诺夫的猜测。皮舍尔教授对据称源于喀什噶尔的佉卢文字进行讨论，提出《普曜经》中给出的正式文字表里的"Khāsya"的写法指的就是佉沙即喀什噶尔的写法。

的确，在文字表中的"Daradalipi"和"Cīnalipi"，即达尔德人和中国人的写法之间出现"Khāṣyalipi"显得非常显眼。不过，即使我们认为这部佛教神话诗歌的作者有意或有能力严格地按照地理上的顺序来罗列文字（其中还包含了一些纯粹杜撰的名字），他显然倒更可能指的是阿萨人，他们的名字在整个喜马拉雅亚山区，从西北部的达尔德到阿萨姆，广为人知，而不是喀什噶尔这个处于古印度地理地平线之外的遥远的中亚小国。在这方面我们最好记住，没有任何证据表明对应于现在的喀什噶尔的这个当地名称在古代曾被用于泛指塔里木地区。用于泛指的词——喀什噶尔（Kashgaria）——似乎来源于现代俄语，也许是由于阿古柏的短暂统治而出现的，在当地用语中却并没有相应的对应。

第二节　汉代的喀什噶尔

最早关于喀什噶尔的记载见于《汉书》，这要归功于张骞的著名西域之行之后，汉朝人对西域的了解扩展到了妫水和波斯国家，于是在汉武帝治下（公元前140—87年），汉朝势力开始向中亚大规模扩张。《汉书》中描述从玉门关和沙州地区到妫水和药杀水（今锡尔河——译者）的两条重要道路中的北线时，第一次提到了疏勒。据描述，这条北线经过吐鲁番（古代高昌），然后沿着天山山脉南部脚下一直延伸到疏勒。它无疑对应着通过沙州、哈密、吐鲁番、焉耆、库车和阿克苏的路线，这条路现在仍然是中国内地与喀什噶尔之间最常使用的交通线。从疏勒"北道西逾葱岭，则出大宛、康居、奄蔡、焉耆"，这一地区在很久以前就已被认为是古代粟特的地盘。从喀什噶尔过铁列克山口进入费尔干纳的有名路线构成整个塔里木盆地进入上述粟特地区的直接的和最容易的路径。

《汉书》中关于"疏勒"的特别条目告诉我们，这个王国的都城在疏勒城，离长安9 350里。"户千五百一十，口万八千六百四十七，胜兵二千人。"其中提到在那里驻有一些朝廷官员，表明处于汉朝的保护之下、在约公元前1世纪中叶终于形成建制的疏勒构成了具有一定影响的统治中心。条目中特别提到它的"市列"，表明疏勒早期在商业上的重要性。书中"西当大月氏、大宛、康居道也"的陈述充分地说明了它为什么能获得这种重要性。《汉书》使我们看到张骞出使之后汉朝与粟特和大夏（即巴克特里亚）之间贸易的一些画面，而喀什噶尔就变成了这种贸易的一个方便中转地。上述"疏勒"条目中记载的道路里程——东至汉代都护治所乌垒2 210里，南至莎车560里——对我们用处不大，因为这两个地名所对应的位置不能确定。

《汉书》中有一个段落提到中亚有名的被称为"塞"的部落的迁移。根据弗兰克博士最近提出的解释，我们好像能从上述段落中离析出有关疏勒建立的信息。"塞"这一名称曾以不同的方式被转写为 Sök、Sz'、Sse、Ssu、Sa、Se，等等，在很久以前就已被认定为经典记录中的 Sacae 和印度文中的 Śakas。《汉书》中的记载告诉我们，塞的国王如何迫于西面大月氏的压力而向南迁移并控制了罽宾。"塞种分散往往为数国，自疏勒以西北休循捐毒之属皆故塞种也。"尽管被大月氏赶走以前（约公元前150年），"塞种人"的势力有可能曾扩展到喀什噶尔地区，但不论是弗兰克博士对此段落的翻译还是原书这段话所在的"罽宾"条目中的上下文，似乎都并未暗示说疏勒就是塞种人建立的。

在西汉衰落前王莽这位篡权者统治的时期（公元9—23年）里，

西汉王朝内部发生了一系列动乱，因而在半个多世纪里停止了对塔里木地区的治理。到东汉的第二个皇帝明帝的统治时期（公元58—75年），东汉在西域重新确立起了它的地位。其时，像包括莎车在内的其他十几个小国一样，疏勒处于于阗即和田王的控制之下。公元70年，汉朝著名将军班超消灭了和田统治者。到公元76年，除了现代焉耆和库车之地的一些区域，整个塔里木盆地都承认了东汉的宗主国地位。

据弗兰克博士认为，《后汉书》关于西域纳贡国的记载包含了那一时期（公元25—220年）疏勒历史的细节。但是因为至今没有完全而可靠的翻译可供参考，所以我们无法像在前面讨论同样值得纪念的高仙芝远征（公元747年）那样，来确定公元95年时班超是经由哪一条路通过喀什噶尔的。

班超著名的远征标志着东汉向西部获得了极大的扩张。比这种结果更加持久的，是此次远征对于中国与东罗马帝国之间发展直接贸易的影响，以及在远东与西方这两个大帝国之间传播对于对方的更明确的知识方面的影响。从西方这一方面讲，极为幸运的是，一位真正有天才和有着突出的广阔视野的地理学家马里奴斯利用了这个机会，记录下了一些很有开创精神的商人所提供的消息——那些商人曾深入中国或至少进入了它在塔里木盆地的外围领地。这些记录保留在托勒密的著作中，主要是他关于"赛里克"的章节里。他用"赛里克"一词指称从伊摩斯山以远的斯基泰直到未知的极东部海洋之间的地区。马里奴斯收集的这些记录讲的是带来了丝绸的赛里斯地区以及从西方通往那一地区的商路的事情。一代又一代的人不断对之猜测却毫无结果。终于，李希霍芬以敏锐的眼光对它进行了阐释。因为有了这位专家的分析，我们才有可能在这里简要地谈一下那个记载中所隐含的不寻常的旅行路线，并指出该路线与喀什噶尔之间的关系。

在托勒密的明确记述中，马里奴斯收集的关于赛里斯的地区的地理数据是根据一位马其顿商人马艾斯的叙述。这位商人又称"提提亚奴斯"，曾向那个地区派出办事人员。我们可以有把握地假定，这些人员所行路线是从中国到帕提亚王朝的丝绸贸易常走的驼队路线。这条路从幼发拉底河旁的希拉波利斯出发，经过海卡托姆佩罗斯、阿里亚和马尔基纳（即唐代之呼罗珊，今伊朗东北部的霍腊散）到达巴克特里亚。从那里，这条路首先向北到达库摩迪的山区，然后沿此山区向东南方向"一直到达一条通向一片广阔平原的深谷"。在这条深谷中，旅行者必须向北上行50朔尼"到达石塔。在那之后山脉向东渐渐消逝，与从帕利姆伯特拉向北延伸的山岭伊摩斯相会"。托勒密的另一段记载说"商人向塞拉出发"的"站"——萨拉伊——在石塔的东面、伊摩斯山的轴线上。

亨利·于尔爵士和拉乌林隼爵士合作的工作确定无疑地证明了，库摩迪山区一方面就是玄奘记述中的拘谜陀，另一方面就是早期伊斯兰学者所说的"Kumēdh"之地。因此，可以肯定地认为，"库摩迪山谷"就在将瓦罕夏普河及相连的喀拉特勤高山地区与妫水地区分开的山岭中。有一条直接的和较为容易的交通线从喀拉特勒沿着瓦罕夏普向上到达宽阔的阿拉依高地上的丰饶草场，再从这块高地向东端上行穿过妫水与塔里木河分水岭的最低点桐木伦山口，而后经不远的距离，在喀什噶尔河的源头附近与喀什噶尔到费尔干纳（经铁热克达坂）的大路相遇。

　　李希霍芬通过一系列令人信服的论证证明了，描述中马艾斯的人员所循的路线与上述路线吻合得有多好。但著名的石塔的准确位置目前尚不能确定，只能有待于在当地进行古迹调查。不过，考虑到马艾斯的叙述中提到，那些商人的"站"在石塔以东，是通向塞拉的路的起点，我想，不会改变的地理状况应能够为我们提供一些线索。托勒密说这个"站"位于伊摩斯（无疑指的是拱绕于帕米尔地区东端、分开了妫水与塔里木河流域的山岭）线上，故而李希霍芬指出，应到上述路线所经的分水岭附近寻找此"站"。他还注意到，上述的"站"的最可能的位置应是从费尔干纳经铁热克达坂的常有人走的路线与从瓦罕夏普河谷来的路线的交会点。

　　令我高兴的是，1901年6月从喀什噶尔到费尔干纳的返回途中，尽管时间匆忙，我还是找机会去了解了从喀什噶尔到奥什的古代商路的地形特征。我收集的观察资料完全支持上述那位出色的地理学家的观点，因为在那条路线上几乎不可能发现比伊尔克什坦（汉代之休循国——译者）更能与托勒密记载中所暗示的商站有关状况相符的地点了。现在的伊尔克什坦是通往喀什噶尔路上的俄国海关和边防要塞所在地。它位于从费尔干纳和从阿拉伊来的道路的交会处，在桐木伦山口（来自阿拉依的道路从此山口穿过分水岭）之下距离很近的地方。那里现有一座小堡垒和一个哥萨克军镇。除了位于两条重要道路交叉点这一项，这一地点还有其他的优越性。它的海拔是 8 500 俄尺，不仅是一个相对来说被掩蔽的地点，而且显然由于山脉以西和以北方向所提供的充足水汽，与它紧邻的山谷就有更充足的牧草地和燃料，而过了这里之后往喀什噶尔去的道路则大部分经过的是荒秃岩石和碎石的峡谷。俄国自然有充分的理由要把伊尔克什坦包括进它的边境线之内。（此地附近的边境线保持在喀什噶尔河与另一面的阿姆河和锡尔河之间的分水岭处。）

我们上面所描述的路线构成喀什噶尔与古代巴克特里亚之间最直接的交通线。有意思的是，现有关于班超向西胜利远征之后喀什噶尔的最早记载，正是关于巴克特里亚（大夏、大月氏——译者）对喀什噶尔的入侵。据《后汉书》记载，公元107—113年，疏勒的统治者安国曾被迫把他的近亲、王子臣磐送去给大月氏国王做人质。从其他资料中我们又得知，在那一时期，这位大月氏国王的治下不仅包括他们在巴克特里亚的旧地，还包括喀布尔和印度西北地区相当大的部分。结果，公元114—120年，安国死后，大月氏的军队推翻了他的继承者，让臣磐做了疏勒王。

斯皮希特和马尔库尔特曾指出，《后汉书》中的上述记载与玄奘的故事吻合得非常好。玄奘在他对于迦毕试国 [Chia-pi-shih，即卡皮萨（Kapiśa）] 的描述中记述道，在犍陀罗确立了月氏统治的迦腻色迦曾将他的势力扩展到葱岭以东，并在他的宫中接纳了从中国的西域属国而来的人质。如马尔库尔特博士所敏锐指出的那样，迦毕试佛寺（据玄奘转述的当地传闻，该寺是那些人质的夏季住所）的名称沙落迦 (Sha-lo-chi) 很有可能是因喀什噶尔王族人质而来。这个汉文转写要代表的也许是"Shālaka"或"Shāraka"，可以很容易地解释为由喀什噶尔古称之一的"沙勒"演变而来，因为根据中国字的古音，"沙勒"很可能读作"Shalek"。

克拉普罗斯显然是通过收集中国资料指出，公元120年前大月氏干涉喀什噶尔的事件使得佛教被介绍到那一地区。现在还没有找到有关这一陈述的汉文引文；但毫无疑问，佛教在兴都库什两侧的大月氏领地内的发展确实相当繁荣，使得那位喀什噶尔王子因做人质而受到佛教的长期熏染。那之后，当他被推上王位的时候，一定促进了佛教在塔里木地区的推广。这个假定与玄奘记下的传闻相吻合。传闻中说那些王族人质住在伽蓝里，来自沙勒即喀什噶尔等葱岭以东的国家。传闻并且是将他们在迦毕试的停留与那位以支持佛教出了名的迦腻色迦的统治时期连在一起说的。

不管喀什噶尔的佛寺最初建于什么时期，它都多半是从巴克特里亚这一边而不是和田那一边传入的。除了巴克特里亚，和田是唯一可能的另一个传入渠道。而我们已确知，在和田，大乘部如果不是唯一的教义和崇拜形式，至少也是占主导地位的。另一方面我们却发现，从法显的时代起，在喀什噶尔就已占主导地位的则是小乘部。值得注意的是，只要是玄奘书中提供了佛教调查的地方，我们就总是发现，从巴尔赫（捕喝国）到萨里库勒（羯盘陀），兴都库什北面脚下的地区中建立的佛教都属于小乘部。

考虑到上述地区相对于喀什噶尔的地理位置以及它们几乎都长期臣服于大月氏的统治，我们也许可以认为上述观察具有重要的历史意义。还有一个令人感兴趣的事实也许同样值得注意，即中国的西域属国那些王族人质据信所居的迦毕试古代伽蓝（直到玄奘的时代那里还珍存着关于他们的记忆）依奉的是小乘部佛教；而如同兴都库什南部的其他地区一样，在迦毕试的无数其他寺院里，享有无可争议的主导地位却是大乘部佛教。

第三节　唐代的新疆地区

从汉安帝（公元107—125年）的时期起，汉朝在中亚的势力逐渐衰落。这就解释了为什么在之后的500年中，从中国文献中能梳理出的有关喀什噶尔和塔里木盆地的信息极为稀少。几乎与喀什噶尔陷于大月氏之手同时，吐鲁番和哈密地区的回鹘人的反叛也在威胁着汉朝在塔里木盆地东北部的治理。到公元2世纪，名义上的臣属关系尚维持着。而到东汉最后一个皇帝汉献帝的混乱统治时期（公元190—220年）和其后的三国时期（公元221—265年），对喀什噶尔和其他处于遥远的西北部的地区而言，这种名义上的关系也终结了。根据理特所引的一条资料，三国时期疏勒王的势力曾覆盖了疏勒以南和以西的一些较小的王国；而相反，李穆萨特给出的《魏书》中的简短摘录却说其时疏勒是依附于于阗（即和田）的。

中国在晋武帝的统治（公元265—290年）下再次统一。晋武帝曾努力重新恢复对塔里木盆地南部的治理，但直到唐朝建立之前，中原是王朝都无法对甘肃西北沙州地区以远的地方重新恢复治理。我们知道，在北魏文成帝统治期间（公元452—466年），疏勒王曾派出使节向朝廷进贡一样圣物——释迦牟尼的一件有名的据说烧不坏的袈裟。据《梁书》和《北史》记载，在其后一个世纪的早期，喀什噶尔像塔里木地区的无数其他王国一样是臣服于嚈哒的。这个也许是突厥部族的民族到公元5世纪中叶的时候已在妫水盆地建立了强大的帝国，并由那里将他们的统治向南扩张到犍陀罗和印度河以远地区，向东则达到和田和焉耆的原因。

公元563—567年，萨珊人胡思如·阿努西尔万请求西突厥可汗伊俟塔米的帮助以反对威胁其统治的敌人嚈哒人，伊俟塔米因而率领着西突厥军队攻击并打败了嚈哒人。在拜占庭历史学家枚南德尔那里，伊俟塔米被称为"迪扎布尔"或"斯尔兹布尔"。于是妫水以北所有以前臣服于嚈哒的地区都转而处于西突厥的控制之下。不久，西突厥的势力又扩大到妫水以南嚈哒的旧有地区，而且把衰弱的萨珊人无力保住的兴都库什以远地区也夺取了过来。西突厥的汗王们在其位于库车和喀什噶尔以北的天山条件优越的河谷营地中实施统治，其领地的规模也许超过了嚈哒。中国文献记载表明，西突厥的属国是留给当地的世袭统治者去管理的，但是每个统治者都在一个突厥吐屯的控制之下。吐屯负责收集进贡物品。毫无疑问，喀什噶尔的政治情况就是如同这里显示的这种情形。

公元618年，唐朝的建立标志着中国管理西域的一个新的光辉时期的开始。唐朝建立者高祖的统治时期和他精力充沛的继承者唐太宗的统治初期，东突厥人的进攻威胁着帝国的存在。与这些东突厥人之间的斗争阻碍了唐朝积极地向西部发展。与东突厥人之间矛盾的持续使唐朝急于寻求西突厥人的帮助，其时，西突厥人正统一在一个强有力的可汗（《唐书》称为"统叶护"）之下。公元630年玄奘穿过承认西突厥宗主权的那片辽阔地域时，统叶护仍在位。他给予玄奘的殷勤款待为这位朝圣者打开了一直通向迦毕试国的所有道路[1]。同年，统叶护可汗被谋杀。随后，构成西突厥的十部落联盟分裂为两大部，每一部分都在各自系列的可汗统治之下，互相之间经常对立冲突。

同一年，即公元630年，唐朝打败并最终征服了东突厥人。唐朝利用西突厥的内部争端，渐渐消除了西突厥对其一度控制的那些以前属于中国西域的地区的支配。公元640年，唐朝军队穿

1　一次玄奘碰到叶护（突厥的可汗）正在热海（伊塞克湖）西面的碎叶城（今托克玛克）附近打猎。玄奘在自传中记录这次会见的时候，生动地描绘了突厥首领及其随从给他留下的深刻印象。

过大沙漠，夺取了高昌（即吐鲁番）。高昌王子已于公元630年到唐都长安做人质，但后来表现得颇不驯服。唐朝在高昌设立了安西都护府，这从战略上讲对于唐朝进一步向西发展而言非常重要。此外唐朝还在那里部署了一批驻军。曾于公元632年向唐朝派出使团然而之后又与西突厥联合试图独立的焉耆王于公元644年被击败，并被当作俘虏带走了。公元641年时，突厥内部的争端已给了唐太宗一个把他任命的已毗射匮可汗扶上西突厥部落首领宝座的机会。这位可汗向唐朝派去使节，并带去了贡品。当突厥可汗于公元646年请求娶一位唐朝公主的时候，唐太宗则要求把库车、于阗（和田）、喀什噶尔、叶城（朱俱波）和葱岭（萨里库勒）等五国作为聘礼。

上面的要求暗示着唐太宗拥有整个塔里木盆地，但他并没能以这种方式如愿以偿，于是他就出兵去征服通过外交手段没有得到的地区。公元649年唐太宗去世时，库车已战败。和田王也被唐朝军队的胜利所震动，赶紧来投降，重新与唐朝联合起来（这个国度素有这种传统）。唐高宗其后继位（公元650—683年）。在他的统治下，向西扩张的政策积极地持续下来。不久，唐朝就赢得了意想不到的胜利。唐太宗去世后，一位以前曾在唐朝西北边境寻求过庇护的可汗贺鲁发动了反叛，并在很短的时间内确立了他对整个西突厥部落的控制。然而突厥势力的这次崛起为时短暂。在公元652—658年的一系列战役中，唐朝军队在回鹘人的坚决支持下，连续打败了葛逻禄和突厥人的其他盟友，最后在伊犁的一次决定性战役中击败了贺鲁指挥的突厥人。公元658年，逃到石国（今塔什干——译者）的贺鲁被俘获，西突厥的统治终于告终。唐朝因而能够正式地将突厥可汗曾经统治的中亚整个广大地区划入自己的版图，并在这一地区有效行使主权。

唐朝管辖的西域广大地区向南延伸到喀布尔，向西到达波斯国家，其中设置的管理机构在《唐书》中有详细记载，这对于中亚历史和地理的研究都是最有意义的文献。在这里，我们仅就塔里木地区展开论述。我们已经看到，唐朝为了治理西域而于公元640年在吐鲁番（高昌）设立的安西都护府，在公元658年对突厥人的最后胜利之后立即转移到库车（龟兹）。

据《唐书》记载，设立安西都护府的目的在于管理于阗（和田）、碎叶（托克玛克）和疏勒（喀什噶尔），包括库车在内，这整个地区因此而统称"四镇"。无疑，"四镇"这一名称涵盖了整个塔里木盆地，而不仅仅是上列四镇所涵盖的地区。"四镇"所含正式名单在那之后又发生过变化。在某一个时候（记载或言公元670年或言公元719年），焉耆代替了碎叶。不过，在唐朝对塔里木盆地的治理时期内，上面所说的广泛意义上的"四镇"的含义一直是成立的。

喀什噶尔从一开始就在"四镇"的正式名单中，这一事实显示出唐朝对这一地区的重视。公元659年，唐朝最终发布命令，和妫水两岸其他一些王国一起，在疏勒和朱俱波（叶城）建立起行政机构。不过，《唐书》记载表明，唐朝在喀什噶尔的权威地位在一定时期内还是遭受到一些挑战。贺鲁被俘后皇帝册立的负责西突厥被击败部落的可汗看来没什么权威。属西突厥的努失毕部落之一的首领吐门在反叛中崛起，率领疏勒、朱俱波、揭盘陀（或称葱岭，即萨里库勒）进攻并占领了和田，唐朝派出军队与他作战，公元660年，唐朝军队在上药杀水（今锡尔河——译者）的某处成功地击败并俘虏了他。

我们已经提到过，那些处于西突厥统治下却位于突厥人半游牧部落实际占领地区之外的国家事实上保存了他们自己的统治者。之所以出现这种情况是因为碍于自然条件：塔里木盆地尽是沙漠，小块绿洲星散其间。唐朝因而发现，对当地王族统治下的喀什噶尔及塔里木盆地其他绿洲地区的治理，一定程度上维系于唐朝自身实力。

这样我们就不会对《唐书》的记载感到惊讶了——书中写道，喀什噶尔和塔里木盆地其他绿洲小国的使团带着贡品纷纷来到唐都长安朝贡。这实际上在唐朝治理遍及整个地区之前就已是如此。《唐书》中的"疏勒"条目提到：喀什噶尔王的第一次遣使是在公元635年；第二次在公元639年，使者带着方物以示臣服。从这里提到的第一次派遣使团的日期以及记载中塔里木盆地其他绿洲王国派遣使节的日期，我们能够看出公元630年唐朝对北突厥的成功征服，以及同时期西面突厥部落的分化瓦解一定在西突厥的属国中造成了广泛而深刻的影响。

不久，唐朝对喀什噶尔和四镇中另外几个的治理就受到了严峻挑战。早在公元662年，西突厥中就爆发了叛乱。唐朝派出军队镇压，在喀什噶尔南部行军时遭到一股吐蕃人势力的偷袭。这些吐蕃人是伊犁地区的北方部落弓月部引来袭击唐朝军队的。公元663年，吐蕃人控制库库淖尔地区之后，迅速成为唐朝在中亚地区难以对付的势力。吐蕃人充分利用了突厥部落的内部争端及其相继反叛给唐朝造成的困难，在弓月部和喀什噶尔地方统治者的怂恿下，于公元665年进攻和田。唐朝军队因此被迫放弃和田。

公元670年，吐蕃人在库库淖尔以北给了唐朝军队一次沉重的打击，之后便控制了四镇。中国文献记载告诉我们，弓月部和疏勒王由于害怕唐朝军队的到来而于公元673年主动来降。但这种成功转瞬即逝。据《唐书》记载，公元676—678年，吐蕃人完全控制着喀什噶尔，而且从那时起一直到公元692年，吐蕃人事实上一直控制着四镇。唐朝王孝杰将军率领军队于公元692年进行了一次成功的远征，在库车重建了安西都护府，并在那里留下3万驻军，从而恢复了唐朝对西域的治理。

在上述重新征服之后的半个多世纪的时间里，四镇成为唐朝向西和西南方向努力扩张势力的基地。在这种努力中，唐朝要面对两股强大势力，即西部的阿拉伯人和南部的吐蕃人。唐玄宗统治期间（公元713—762年），唐朝在这两股交锋中一直是成功的，这使得这一时期极具历史意义。

在收复四镇之后的20多年里，唐朝的西域政策纯粹是防御性的。武则天统治时期（公元684—705年），北方突厥在强悍的喀帕干可汗（中国史书称为"默啜"）领导下势力的重新崛起，也是充分解释了上述政策的一方面原因。公元699年，所有西突厥部落都承认了默啜可汗的宗主地位。因此，在反抗日益高涨的阿拉伯入侵浪潮的行动中，妫水地区和粟特的王子们是向西突厥而不是向唐朝寻求帮助的。公元705—715年，著名的楚塔伊巴·伊本·穆斯林领导下的一系列远征使得穆斯林的军队胜利穿过巴尔赫（大夏都城，唐之缚喝——译者）到达布哈拉、撒马尔罕和费尔干纳，远在鄂尔浑河岸边的北突厥可汗的武装干涉不足以提供保护。故而，当唐朝根据玄宗皇帝发起的更加积极的外交政策，于公元714年恢复了对西突厥的治理后不久，便发现他们与阿拉伯人相遇了。

楚塔伊巴反对哈里发·苏莱曼的叛乱和他因此于公元715年的死亡对于唐朝结束其防御性政策真是天赐良机。在伊斯兰势力这一面，塔巴里的编年史告诉我们，楚塔伊巴显然是在苏莱曼统治时期（公元715—717年）之初对喀什噶尔——一座中国边境附近的城市——进行了胜利的远征。在另一面，中国历史记载表明，公元715年唐朝将军张孝嵩从安西都护府（即库车）出发，在附近臣属的部落支持下，成功地将被阿拉伯人和吐蕃人联合赶出领土的拔汗那（即费尔干纳国王）重新扶上了王位。唐朝的这个初步成功立刻引得从大宛（即塔什干）到罽宾（即喀布尔）河谷的西域地区一些王国前来归顺。

公元717年西突厥的突骑施部落反叛，又一次把阿拉伯人和吐蕃人的联合势力引入了四镇地区，位于喀什噶尔至库车路上的乌恰和阿克苏被攻陷。我在安迪尔寺庙中发现的年代被定为公元719年的汉文简牍表明，与上述事件大约同时，吐蕃人不断袭击塔里木盆地的南部。然而不久，唐朝便运用外交手段成功地解决了突骑施这一面的危险。尽管直到公元738年唐朝才恢复了对属于西突厥地区的有效治理，然而唐玄宗统治时期确是唐朝在四镇地区内势力得到持久稳固的时期。没有在塔里木盆地保证的这种牢固地位，唐朝就不可能在西边和西南边的遥远地区实施其卓越的外交与军事行动。

在这段时期内，从喀什噶尔到阿姆河和锡尔河甚至到里海沿岸的遥远的卡巴里斯坦，所有受到穆斯林入侵威胁的国度都承认唐朝的统治地位。唐朝的诏令、朝廷头衔以及偶尔派出的使团都意在以一种道义支持的方式来强化那些王国的首领的抵抗行动。不过，一旦需要阻止吐蕃人进入影响彼此合作的通道区域，唐朝的四镇机构也随时准备实施更加有力的行动。吐蕃人和阿拉伯人联络的路线通过吉尔吉特及亚辛（即《唐书》中的小勃律）到达上妫水。公元722年，是喀什噶尔的地方部队率领4 000人的军队去及时援助小勃律王并帮助他赶走吐蕃人的；同样地，公元747年从吐蕃人手中夺回小勃律的高仙芝也是从喀什噶尔开始他那穿越帕米尔和兴都库什的著名行军的。

高仙芝于公元750年率领四镇的军队第二次胜利地深入兴都库什以南地区。然而，他又注定成为唐朝在西域势力迅速衰落的先声。同年（公元750年），高仙芝强行干涉塔什干进贡国（石国）

事务之后，狡诈地处死了它的统治者。高仙芝的贪婪和压迫激起了当地人的愤怒，国王的儿子于是便煽动邻国起来反对，并向阿拉伯人寻求援助。公元751年夏，高仙芝出兵反对阿拉伯人和他们在本地的同盟，但是他的葛逻禄部落的辅助军队起而反叛，高仙芝腹背受敌，在怛罗斯（即现在的奥利阿塔——译者）附近遭到决定性的失败。唐朝的威权地位就再也没有恢复。

几乎同一时期，在帝国的另一端云南，一系列的灾难降临到唐朝军队头上；一个危险的皇位觊觎者由此崛起。这就使得唐玄宗和他的儿子肃宗（玄宗为了他于公元757年退位）不可能将他们的注意力放在西部那片危机四伏的地区；恰恰相反，部队还要从边防前线被抽调去支撑摇摇欲坠的王朝。有一个很突出的提示显示了这一点，即在公元757年收复帝国首都长安的军队中，提到有从安西都护府即库车和北庭（今古城，即奇台附近——译者），从费尔干纳，甚至从阿拉伯国家来的士兵构成的分队。吐蕃人对上述麻烦的形成曾经推波助澜，现在则不失时机地利用了这个机会。公元758、759年之后，他们就渐渐地占据了"Ho"（河）和"Lung"（陇，对应于现在的甘肃省及陕西的最西部）。大约公元766年时，他们在那里完全立足。从那时起，唐朝与安西和北庭都护府的所有直接联系就被切断了。

关于唐朝在西域实施治理的最后情况，《唐书》记载了一系列简单而有趣的事实。这些事实表明，四镇和北庭尽管与唐朝的其他部分隔绝开了，但那里的唐朝官员仍在一个相当长的时期里在这片交给他们负责的地区内成功地保持着他们的权威地位。四镇节度使郭昕和他在北庭的负责哈密和吐鲁番地区的同事在被完全切断联系的情况下过去15年之后，于公元781年通过友好的回鹘人的领地向帝国朝廷派去了使者。

郭昕传记显示，唐德宗慷慨地加官晋爵或给予其他荣誉，来奖赏这些在艰难的条件下保持对朝廷的忠诚的将领以及他们手下的官员。但是，衰弱的帝国却无法给将领们提供他们所急切渴求的有效援助。事实上，另一历史记载表明，公元784年，唐德宗曾郑重考虑要召回郭昕和他的同事李元忠。这做法受到大臣们条陈地质疑。大臣们迫切地指出，在塔里木盆地及其东北方相邻地区，唐朝哪怕仅仅保持一种形式上的权威也是有利的。其实这种权威的最后消逝已为时不远。很幸运，我们能够从一位当时见证人的叙述中确知唐朝政权存在的最后几年中的状况。

这个记载保存在《悟空行纪》中。悟空在印度居住30多年后启程回国，于公元786—789年通过四镇和北庭。他由吐火罗斯坦和拘密支（即古代库摩迪）领地而来，于公元786年的某个时候到达疏勒（即沙勒）。除了提到裴冷冷王，他还提到了一位镇守使鲁阳。从名字上判断，这像是一位唐朝官员。在和田，悟空见到了和田王尉迟曜及一位唐明将军郑据。到了龟兹（即库车），悟空当然提到了安西大都护郭昕，官位前面带着还有一大串头衔。在焉耆，悟空在提到一位当地统治者的同时，也提到了另一位唐朝镇守使。公元789年，当悟空在一个朝廷代表的护送下从北庭返回长安时，这个在四镇东北方向与之相连的都护府行政中心仍在唐朝的管理之下。通过戈壁的路线无疑已被吐蕃人阻断，所以旅行者需绕道回鹘人的领地。公元790年，悟空才回到唐都长安。

同年，或最迟在公元791年，北庭都护府被吐蕃人夺得，此后就再没听说过安西即四镇了。而塔里木盆地也随着这一事件在唐朝史书作者的视野中消失了。在此后一个多世纪的时间里，这一地区的历史变得模糊不清。

一开始，看来整个塔里木盆地都转到了吐蕃人的控制之下。有一个时期，吐蕃人在上妫水地区甚至变成他们的老盟友阿拉伯人的危险邻居。但是，公元860—873年，吐蕃人的优势地位被回鹘人打破了。回鹘人建立了一个强大的王国，包括曾由北庭都护府统辖的地区，并向西一直延伸到阿克苏。和田显然重新赢得了独立。曾构成四镇地区的其余部分则臣属于葛逻禄部落的突厥王子。葛逻禄部落一般居住在热海湖附近的巴拉萨贡。到公元10世纪的早期，有关这一地区的极少的信息又变得可从伊斯兰文献中得到了。据《辽书》记载，公元926—941年，这些突厥王子偶尔会向中原王朝派出使者。

在上面提到的最后一个日期之后不久，控制从热海到喀什噶尔地区的统治者皈依了伊斯兰教。在流行传说中，这位统治者被称为"萨托克·布格拉汗"，并被尊奉为伊斯兰教在塔里木地区的虔诚缔建者。由于该地区由此与西方建立起的联系，以及萨托克·布格拉汗的继承者在中亚的统治中所起的出色作用，我们便能够从伊斯兰资料中获得有关喀什噶尔和其毗邻地区越来越多的记载。只不过他们所记载的时期并不在我们现在关注的范围之内。

第四节　唐代关于喀什噶尔的记载

我们已简单地概述了唐朝第二次崛起时期里塔里木地区的历史，现在转向这一时期文献中有关喀什噶尔情况的记载。

首先，也许应回顾一下从《唐书》"疏勒"条目中获知的一般情况：

疏勒，一曰佉沙，环五千里，距京师九千里而赢。多沙碛，少壤土。俗尚诡诈。生子亦夹头取褊。其人文身碧瞳。王姓裴氏，自号"阿摩支"，居迦师城，突厥以女妻之。胜兵二千人。俗祠祆神。

这里给出的对喀什噶尔及当地人的描述实质上与玄奘在《大唐西域记》中的描述相同，显然是《大唐西域记》的摘要。统治家族的姓氏裴在沙畹先生转录的公元728年给疏勒头领裴安之册封帝国称号的朝廷诏书中已出现过；另外又见于公元753年到帝国朝廷朝贡的喀什噶尔高官裴国良的名字中。上面提到的册封诏书中还同样记下了"阿摩支"一称。这无疑也是公元8世纪的和田统治者都使用的名字。不仅在《册府元龟》中有关公元728年"册封于阗阿摩支……尉迟伏师为于阗王"的记载中，而且在丹丹乌里克发掘出的、年代定为公元768年的唐朝官方文件中也都发现了"阿摩支"一词。

都城的名字"迦瑟"（《唐书》记为"迦师"——译者）我无法在其他地方找到。不过，尽管有各种不同写法，它却显然与喀什噶尔的名字（佉沙）有关。这里提到的突厥人"以女妻之"的国王姓名不详，也许可以假定为唐朝治理之时在位的王子。他的武装部队的人数与《汉书》"疏勒"条目中的记载相同；而据沙畹先生所言，他们所崇拜的"祆神"是祆教的神。

《唐书》在对疏勒描述之后，简单介绍了这个王国于公元635和639年派出的使节。公元698年（从吐蕃人手中收复四镇后），疏勒王裴夷健曾向唐朝"遣使朝贡"。约公元705年时，安西大都护郭元振在受到反叛的突厥部落袭击时曾安全地撤退到疏勒领地内的"栅口"。公元728年，已经拥有疏勒的阿摩支称号的裴安之接受了皇帝册封的疏勒王称号。公元739年，唐朝在疏勒的镇守使曾干涉疏勒的事务，直打到怛逻斯城。公元753年，即悟空前往犍陀罗途中路经喀什噶尔之后不久，疏勒的一些权贵又来到唐都长安朝贡。在此日期之后，《唐书》就没再专门提到喀什噶尔。但是我们看到，晚至公元786年，悟空从印度返回途中路经喀什噶尔时，仍在疏勒的裴冷冷王身旁发现了唐朝政府的代表。这位王的姓氏表明他属于旧时的当地王族。

悟空等朝圣者在离开或回国的路上访问喀什噶尔的记载对上述记载进行了补充，这从沙畹先生的研究中即可了解到。尤其重要的是沙畹先生对法显记述的"竭叉"一名所对应的地点的确认。鸠摩罗什的传记记述道，这位印度朝圣者在约公元400年的时候访问过沙勒（即喀什噶尔），并且特别提到，在那里，他把佛的托钵放在自己的头上。这个钵据信有一种神奇的力量，能够变化重量。中国和尚智猛于公元404年经由罗布泊及和田往印度进发，他在奇沙国也看到了有关佛的托钵的同样圣迹。"奇沙"这一名称与"佉沙"（玄奘的记述和《唐书》均以之指代"喀什噶尔"）一称如此相近，表明智猛记述中所指的就是喀什噶尔。

智猛在奇沙不仅看到了佛的托钵，而且见到了被他描述为五色石制成的佛的唾壶。法显关于竭叉的记载中提到同样的遗迹，这一点提供了最有说服力的证据，支持沙畹先生将竭叉确认为喀什噶尔。法显在塔什库尔干（法显称之为於摩，即权於摩的简称）安居，那也许是公元402年的夏天。"安居已止，行二十五日，到竭叉国。"朝圣者们从塔什库尔干赴印度的直接路线当然应是向西南方向穿越帕米尔而不是向北去喀什噶尔。但是，法显有同伴已先他从和田到了竭叉，现在法显要去与同伴相会，再说又想要去访问那个宗教中心，所以就绕道经过了喀什噶尔。不过，朝圣者的叙述使我们看出了更多的、更有说服力的原因来解释这些圣徒为什么要离开正路向北而行。"值其国王作般遮越师。般遮越师，汉言五年大会也。会时，请四方沙门皆来云集。已庄严众僧坐处，悬缯幡盖，作金银莲华……"下面富丽地描述了这个集会的盛大景象以及国王和大臣布施供养的"种种珍宝，沙门所需之物"。这表明，这个难得的机会对一批完全依靠布施远道旅行的贫穷和尚来说是很有吸引力的，不大会被他们忽略不顾。

法显对竭叉的描述与我们从其他地方得知的古代或现代的喀什噶尔吻合很好。他的"其地山寒，不生余谷，唯熟麦尔"的记述正为下述事实所证实：塔里木地区仅有的一种需要更温暖的气候的谷物——水稻——在喀什噶尔没有任何规模的种植，而是从莎车或阿克苏运入。同样，任何一个经历过那一地区夏末的暑热天气在收获季节前后急剧地向冬天一般的秋寒转变的人，都会理解法显叙述的习俗："众僧受岁已，其晨辄霜。故其王每赞众僧，令麦熟然后受岁。"

法显接着写道："其国中有佛唾壶，以石作，色似佛钵。"这个佛钵是法显在富楼沙城（即白沙瓦）见到的，在那里它是崇拜仪式的主要对象，法显描述它"杂色而黑多，四际分明"。我们不免感到疑惑，法显既然记下了与上面智猛的描述完全相符的、作为圣物的唾壶，为什么他在讲述竭叉时却只字不提在他之前几年访问的智猛和鸠摩罗什都看见过的佛的托钵。沙畹先生对此的回答在我看来从各方面说都相当完满：法显应该也曾看见过在喀什噶尔出现的佛的托钵，但是因为他后来在白沙瓦见到的那个圣人遗物样本有着久远的传说，供奉它的寺院又那样庄严，所以对他来说，那个托钵就成为唯一正宗的一个了。他因此很自然地对喀什噶尔的这一个明智地保持了沉默。另一方面，他并没忘记告诉我们，如同在许多其他地方一样，竭叉也能够夸耀它"有佛一齿。国人为佛齿起塔。有千余僧，尽小乘学"。

法显唯一提到的竭叉的工业产品是制造衣服的材料。据说他们是由不同种类的细致羊毛和斜纹哔叽布料制成的。除此之外，"俗人被服绝类秦土"。玄奘也记下过喀什噶尔的毛毡、极棒的织物和精巧细致的织毯。即使在今天，喀什噶尔仍然出口相当数量的粗糙而耐久的棉制品。

关于两位中国朝圣者法扬和道友，我们仅知道他们分别于公元420年和公元5世纪中叶前往印度，路经喀什噶尔，但他们的旅行记载已经遗失，而他们的传记也不能提供他们访问沙勒（即疏勒）的细节。同样地，关于一位印度佛教学者、旅行到中国并在那里去世的爱枝（即古加拉特）人法护，我们也仅知道他从迦毕试过巴达赫尚、瓦罕和萨里库勒（塔什库尔干），到达疏勒，在那里的王家寺院中居住了两年（公元580—582年）。

我们所知的下一位过访僧人是玄奘。十分幸运，玄奘给我们留下了关于佉沙（即喀什噶尔）的精确细节记载。他告诉我们，佉沙国"周五千里（即约50天的行程）。多沙碛，少壤土"。然而在仅有的土壤上却"稼穑殷盛，花果繁茂"。他描述道，那里"气候和畅，风雨顺序"，"人性犷暴，俗多诡诈，礼义轻薄，学艺肤浅"。

他在这里对喀什噶尔居民的不怎么恭维的描述倒可以和马

可·波罗的证词配成一对。马可·波罗称喀什噶尔土著是一种"恶劣吝啬的人，饮食方式粗陋"。我相信，这两位伟大的旅行者记下的判断可以说是公正地反映出今天新疆其他地区尤其是和田的人们对于喀什噶尔人所持的看法。至少对玄奘来说，看来很可能因为他曾长期待在和田而且喜欢那里，所以那一地区的人们对于邻居的批评就不免给他留下了深刻的印象。

玄奘描述佉沙人"容貌粗鄙，文身绿睛"。从人类学的角度来说更重要的是，"其俗生子，押头匾匮"（玄奘在屈支即库车居民中也观察到同样现象）。我们前面已提到过玄奘对喀什噶尔织物的赞叹。他介绍喀什噶尔的书写的段落句意不十分明确，然而几乎可以肯定，他们的书写字母是印度式的，即怎么说都是婆罗米字体文字的变体。另一方面，玄奘又告诉我们，其"语言辞调，异于诸国"。

玄奘访问时期，佛教在喀什噶尔相当繁荣，这在玄奘的叙述中可以看出：

> 淳信佛法，勤营福利。伽蓝数百所，僧徒万余人。习学小乘教说一切有部。不究其理，多讽其文。故诵通三藏及毗婆沙者多矣。

上面结尾句中显出那里的佛教缺乏学者的阐发，也许这一点解释了为什么玄奘没有屈尊特别提到那无数宗教场所中的任何一个，而他的传记作者也一样——在谈到和田与其他大的宗教中心时那样洋洋洒洒，对佉沙却一笔带过。不过值得注意的是，玄奘曾在离开和田之前派人出去搜寻，以试图补上他在渡过印度河时遗失的佛教书籍，而他所派人前往的两个地点之一就是疏勒。

在玄奘之后，我仅能找到两位僧侣访问者对喀什噶尔的记载。公元747年，一位叫法月的印度僧侣曾试图从中国内地经喀什噶尔返回他的国家，在其后通过识匿（即锡格楠）途中被当地的叛乱所阻，被迫转回喀什噶尔，后进入和田，却在那里去世了。11年后，悟空在前往犍陀罗的途中经过喀什噶尔。当他于约公元786年返回时，又在疏勒停留了5个月。他的简短记载对我们了解唐朝对四镇地区的治理具有极大的价值。

唐朝势力的向西扩张，不仅有助于与佛教发源地印度以及佛教在中亚的旧地之间的交往，而且也推动了其他宗教从西方传入中国。基督教和祆教都从这种对传道事业的开放环境中得到了发展。我们知道，公元621年，第一座拜火寺庙在长安落成；10年后，祆神（即火祆）的宗教就在唐朝由祆教师何鲁在传布了。西安府即旧时长安的著名碑文证明，最早的景教传道者于公元635年带着传道书籍和圣像到达长安；公元638年，朝廷正式颁布诏书承认了他所宣扬的教义。上述碑文还表明，在刻碑的那一年即公元781年，"处在中国的主教和教皇"之下的景教教团与他们远在波斯的教会的大主教辖区仍然保持着联系。

塔里木地区无疑是这些首批传教者及其神职继承者到中国内

地去的通道。一个重要的事实是，大主教（公元778—820年）对中国景教教区的最后一次任命恰与塔里木地区完全归入唐朝管辖同时。我们必然要合理地推断，这片景教和祆教由之传入中国内地的地区里本身拥有属于这些宗教的教团。不过目前，直接的证据仅限于有关祆教的部分，《唐书》的两条记载分别提到在喀什噶尔及和田的祆神的宗教。

不论是历史记载还是古代遗迹都不能显示出伊斯兰教控制塔里木盆地之前基督教在这一地区早期传播的情况。不过到公元13世纪中叶时，我们就发现喀什噶尔在景教主教辖区的名单中出现了。马可·波罗在他经喀什噶尔赴中国内地的路上（约公元1273—1274年）写到喀什噶尔时说："这个国家里有许多景教基督徒，拥有自己的教堂。"他还在莎车发现了景教和雅各叙利亚教会基督徒。

我们并不知道在喀什噶尔建立景教大主教教区是不是公元11世纪以后突厥和蒙古的大批部落基督教化的结果。但如果要从最近在热海湖以西托克玛克和皮西派克发现的墓碑年代从公元858年至1339年的景教教徒墓地得出什么结论，那么我们看到的喀什噶尔与托克玛克周围地区，在唐朝统辖时期及公元10、11世纪中巴拉沙贡的葛逻禄汗统治期间的紧密联系，使得喀什噶尔在被升格为一个主教辖区很久之前，已拥有了自己的景教教团。

第四章

喀什噶尔的古代遗迹及莎车和叶城绿洲

第一节　库尔干梯木和克孜勒德拜的佛塔

前面回顾的关于喀什噶尔的早期记载里都没有明确提示过其都城的位置，不过我找到的最早的关于喀什噶尔的伊斯兰文献记载表明，公元16世纪早期的喀什噶尔城位置和今天的一样。因为文献作者米尔扎·海达尔对这一地区极为熟悉。

米尔扎·海达尔在《拉施德史》中说，喀什噶尔在提曼河（今吐曼河）边，从地图上看，吐曼河绕着城东北与西北边流淌。他把喀拉塔孜滚（在喀什噶尔方言里，塔孜滚是河的意思）放在南面，位于喀什噶尔和英吉沙的半途上。这些都与喀什噶尔现在的情况完全一致，有疑问的那条河流（也叫喀拉苏）仍然被认为位于两城之间的半路上。

米尔扎·海达尔他还告诉我们，提曼河在米尔扎·阿巴·巴克尔摧毁的喀什噶尔古城堡和他在河边建的新城之间。米尔扎·海达尔曾于公元1514年参与推翻米尔扎·阿巴·巴克尔统治的行动，他在其他地方提到这座新城的时候告诉我们，新城是米尔扎·阿巴·巴克尔被推翻之前不久建好的，可以容纳1 000名骑兵和步兵。考虑到这座堡垒是在7天之内建成的，后来它很快又消失得无影无踪，既没留下遗址，也没留下历史资料，那也就不奇怪了。我们可以假定，它以前应该位于现在喀什噶尔城的西北，在河的左岸与现在的西北城墙隔河相望。此外，"库尔干"（意为要塞——译者）这个名称，仍被用来指河左岸的城郊。正是因为位于这片郊区的附近，后面要讲到的佛塔遗址才被命名为"库尔干梯木"。

米尔扎·海达尔非常了解喀什噶尔，他青年时代的大部分时间都在喀什噶尔度过，那时他效忠于萨依德·汗苏丹，萨依德是继阿巴·巴克尔之后的统治者（公元1514—1530年在位）。他对喀什噶尔和邻近地区的综合介绍，虽然是在他离开喀什噶尔很久，成为克什米尔统治者之后写的，但仍然充满着浓厚的个人回忆色彩，当然对细节的描述都应该是可信的。如果他没有赞美过喀什噶尔水果的甜美和丰盛，他也不会成为一个莫卧儿统治者。但我们可以看出，在他描绘喀什噶尔的生活特点的时候，字里行间包含更多的个人感情色彩。凡是在喀什噶尔生活过的人，看了他的文章都很少不被感动的。

城市里的人们到了喀什噶尔会认为这是一座野蛮的城市，而来自草原的人们认为她是一座优雅的城市。她是一个介于城市天堂与沙漠地狱之间的炼狱……概括地说，她没有人间的不和，没有铁蹄的践踏，她是满足的人和富人们的世外桃源。伟大的幸福在虔诚的人们心中不断滋长，这是由两位以前在这里生活过的神圣的人带来的。我见过很多这样虔诚的人，其中两位说道，从喀什噶尔移居到别的城市的人们再也找不到内心的安宁，他们会懊悔地回忆起喀什噶尔。这是最高的赞誉。

由此可见，上述信息应是极为可信的。看来没有什么与此相反的证据或传说，这已足能支持这种假定。不过更幸运的是，无疑属于前伊斯兰时期的古代遗迹的存在直接地证明了这个地点的久远历史。

此类古代遗迹包括位于吐曼河左岸附近、与城市的西北面相对的大的毁损砖土堆库尔干梯木和位于克孜勒河左岸、距城的南部约2英里、较库尔干梯木为小而更加破败、被称为"克孜勒德拜"的砖土堆。这些砖土堆的真正性质是古代佛塔的遗存。

这第一个遗迹名称中含有一个和所有其他这一类土堆一样的普遍使用的突厥字"Tim"（即土堆），不过是由于它接近库尔干近郊，所以被特别地称为"库尔干梯木"。它的高度和位置使它成为一个特别引人注目的物体。砖土堆隆起于吐曼河河床北面陡直的黄土岸旁较短距离处。由于河床的宽度和南岸较低的水平位置，

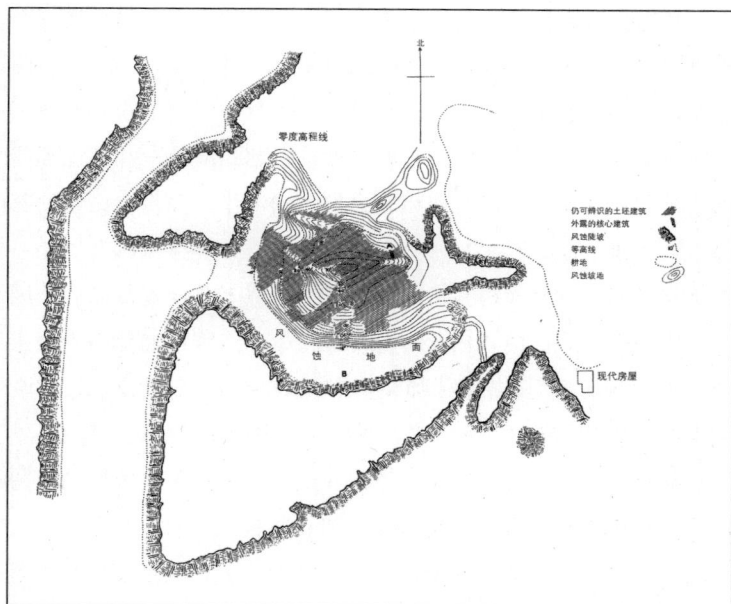

图15　喀什噶尔库尔干梯木佛塔遗址平面图

在相当远的距离外就能看到它。它的位置在城的西北墙之外，距离城墙约1英里。砖土堆顶端距周围地平面70英尺。但是检查一下砖土堆南面脚下的侵蚀地面就会发现，从现在能够发现的最底层结构算起，砖土堆通高85英尺。

从远处看去，这个建筑显得像一个大略的半球形。如作近距离观察，它的现状则是一个相当破败、没有什么形状的砖土堆。它的表面大部饱受风雨侵蚀，残缺不全。图15中的底层平面图试图区分出砖土堆中土坯建筑垒砌仍能被找到的部分，和其他那些由于外部残缺而在表面上显得与自然黄土河岸几乎没有区别的部分。砖土堆北面如同图16中所能看到的那样，整个上部几乎是一个垂直切面，看来像是人为破坏造成的，或者是地震造成的。因此暴露出来的表面使我们很容易确认整个砖土堆最初是用大块土坯，以薄灰泥作为黏和材料而有规律地砌成的。它的南面显然衰败得较为缓慢，所以表面上没有露出那么多原初的建筑痕迹。

整个结构毁损程度很大，所以我们不可能确定砖土堆的原初尺寸和建筑特征。毫无疑问，这个遗迹原是一座佛塔，它引人注目之处也许是半球形的大穹顶。但是穹顶之下必然存在的底座形状和尺寸如何，穹顶中心何在，对这座砖土堆的勘测已经无法提供明确的数据。根据我后来在新疆察看的所有其他佛塔遗迹来判断，基座很有可能是正方形的，有三层。不过，平面图却显示出，现在能够找到的地面之上砖石结构的遗存部分已有相当程度的偏移，东西测量最大距离是160英尺，而与之相比较，南北距离仅为130英尺。想要找到佛塔底座的最初形状和尺寸，主要困难在于整个结构的外表面完全毁损，而且在软质土坯砖的碎堆里，无法区分哪些是留在原初位置的砖石，哪些是因穹顶内的断裂而掉落到目前所在的较低位置的砖石。此外，砖土堆周围地表的上升

图 16 库尔干梯木毁损的佛塔

无疑也增加了确定原始基座的困难。

　　仔细检查周围地面可以发现，在砖土堆的西面和南面能够找到最底层的结构遗存，位于周围地表之下15英尺。这些土地的一部分已经被开垦为耕地，与砖土堆其他部分的底部相连。在几个不同侧面上暴露出来的遗存最低处的水平高度并不相同，这显然地是由于侵蚀作用造成的。这种侵蚀在西面和南面形成宽25~40

英尺的小的深沟，这些深沟在土堆的陡岸上排成一排。通过检查这些小深沟的形成就可以明显地看出，侵蚀本身主要是由于水的作用。土堆上的降水绝大部分流向西面和南面，从它的斜坡中汇集的雨水能够产生足够的力量冲走那些砖石结构下面不易溶解的松土，或阻止土壤的逐渐累积。风力也有可能在某种程度上助成了这种侵蚀。不过，在塔里木盆地的垦区，风力没有那么大，也没有那么普遍，不像在绿洲镶边的大片沙漠地区里一样能够鲜明地改变地貌。所以在这里，风蚀的作用不太容易估算。

佛塔北面和东面的平地上积累的土壤要高出原有地面至少15英尺。关于这一点形成的原因，我们已经有较大的把握。我在塔里木盆地发现开垦地的地平面普遍显著升高，这是第一个例子。我后来在和田地区的观察，提供了更多的证据，证明这种长高是存在的。在约特干遗址，古代和田都城的文化地层埋在冲积层以下9~20英尺的深度。我在那里进行的考察，以及罗兹教授对那里的土壤样品进行的微观分析，都表明了那些许多个世纪以来一直处于开垦中的土地表面之所以升高，是因为灌溉用水中携带的淤泥所致。此外，还应考虑这样一个问题，即在什么样的程度上，灌溉地区的土壤积累是由于亚空气（sub-aeial）沉积所致（即一年中大部分时间里，塔克拉玛干的空气中充满的大量灰尘的沉积）。

关于土壤在初始地面上沉积的问题，库尔干梯木与和田绿洲古代遗址所处的当地环境条件在所有基本方面上都很类似。吐曼河左岸肥沃的冲积地全部处于高强度耕作之中。需要的水能够由城上方某一距离处引出的灌溉渠提供。通过细致规划的渠道网，水就在春夏之际频繁地被引来浇灌高高的河岸上向北延伸相当距离、被精心开垦成梯田式的田地。河流在急速通过山岭的风化外层时会冲下大量的细碎泥沙，所以无论何时，我见到的河的颜色都是浓稠的红褐色或巧克力色。这些淤泥的大部分在通过灌溉系统的"乌斯唐"和"阿里克"时仍漂浮在水中；直到水流到田野中被土壤吸收后，淤泥才最终沉积下来。这种沉积发生得频繁而有规律，淤泥本身又是细密的，这就解释了为什么我在库尔干梯木及和田绿洲其他地方的开垦田野中所见到的因侵蚀而暴露出来的河岸土质完全缺乏分层。我们应该看到，对于覆盖着古代和田都城碎石层的很厚的肥沃土壤层，上述论述同样适用；而且它确证了这些土壤的来源。

其实，在其他地区的同样状况使我能够解释库尔干梯木附近地表升高的原因很久之前，其他一些证据已经使我意识到了土壤沉积的事实。我第一次访察那个砖土堆时，马继业先生曾写给我一封信，说自从他1890年到达喀什噶尔之后，就可以在废墟附近当前地面之下几码处的土壤中发现一些古代陶器的碎片和一些土制大瓶罐。看来这些发现的地点是在砖土堆南面被蚀土壤中的某处。不管它们的年代怎样，这些物品在特征和保存方式上都与约特干文化地层中获得的陶器碎片、赤土陶器等相同。

因为不同地区必然有不同的环境因素，古代遗迹周围或之上地平面的升高程度本身并不能标示出准确的相对年代。不过应当注意的是，不管怎样，15英尺的地面升高也与下述结论不相冲突，即库尔干梯木佛塔被废弃和附近紧邻地区开垦为农田发生在伊斯兰教传入喀什噶尔之时。因为在约特干，冲积土壤的覆盖层厚度为9~20英尺，那里发现的钱币也是一直可以追溯到宋代（公元960—1126年）。在砖土堆周围进行发掘也许可以发现直接证据，看出佛塔晚至什么年代还在作为崇拜的对象。但一系列实际的考虑阻止了我实施这种发掘[1]。

尽管不能亲自发掘，很幸运的是，遗迹暴露出来的部分本身就表明了这个结构在被废弃时已经有很长的历史。在它的东北面，穹顶的断裂几乎是垂直的，因此很容易辨认出坚固的砌造结构的内核与外部覆盖层之间相距35英尺。图17中复制的从砖土堆西北面拍摄的照片明确地显示出内部的半球穹顶和外部覆盖层的接合线，在底层平面图中用A表示出来；在照片中用一个10英尺的杆标示。毫无疑问，砖石结构的外层覆盖是后来某个时期修缮的结果。这样，最初的土坯穹顶就被更新的结构包裹起来并因此增大了。旁遮普西北著名的马尼亚拉佛塔的建筑和其他一些例子证明，

1　由于原始的地面很深，如果要发掘出有用的证据，发掘工作会花费大量的时间和金钱。另一方面，由于遗址可见部分已彻底毁坏，下面容易发掘的部分能够提供多少有关原始轮廓等方面的数据，也是一个疑问，因此不值得花那么大力气去清理它。这种发掘，还有一个半外交方面的困难。当我问中国当地官员这件事的时候，他们说发掘的优先权归当时俄国总领事彼得罗夫斯基，而在当时那种情况下，我要提出这样一种申请是非常不明智的。

图 17　莫尔梯木毁损的佛塔和砖石堆

佛塔经常用这种方式修缮和扩建。

　　这座佛塔由于外层覆盖层所提供的保护，原初穹顶的轮廓才能清楚地找到。根据照片提供的图像判断，最初的穹顶接近半圆形。图16中用字母 C 标示的近表面的点向砖土堆内部延伸成一条水平线，其上的某点应为穹顶的中心。从照片上进行测量，最初的半圆穹顶半径可以假定为约37英尺，加上外部覆盖层的厚度（在东北面看至少有13英尺），我们可近似地估计，扩大后的穹顶半径约50英尺。假定它也是半球形的，和最初的穹顶一样，那么它的高度就应不少于50英尺。

这个扩大后的穹顶的最上部无疑已因坍塌而消失。即使不考虑由此损失的高度，现存残迹的底座上支撑的穹顶高度也有50英尺。如果这个估计是正确的，那么这座佛塔的穹顶与底座的比例就与我在塔里木盆地考察过程中考察的所有其他佛塔构成了强烈对比——那些佛塔的穹顶部分通常只占整个结构高度的三分之一。不巧的是，毁损佛塔中保存得完好而可以精确测量的部分太少了，而且它们分布得太广，所以从上述结构比例方面的差别并不足以得出可靠的考古年代顺序方面的结论。这样，仅仅留下了最初穹顶为半圆形这一点能够作为年代相当久远的一个证据。

上面确定的近似尺寸表明，库尔干梯木佛塔即使在原初形式下也一定在尺寸上超过了我在西起喀什噶尔东至安迪尔的地区里能找到其遗迹的所有佛塔。如同那些佛塔一样，库尔干梯木佛塔也是由土坯有规律地水平垒起的。最初的穹顶所用的土坯，不管在什么位置上，只要我们能以近似的准确性在其原始位置上进行测量，都是底面平均18英寸见方，厚5英寸；而外层覆盖部分的土坯在尺寸上就没那么均匀，整体上说来较小些。所用的材料同样都是塔里木盆地绝大部分地区随处可见的黄土。不论是晒成土坯还是直接砌成坚固的泥墙，这种黄土至今仍是新疆各地使用的建筑材料。制作土坯的方法是在要建造的房屋附近挖泥坑，在泥坑中混合一定比例的干草和谷糠。许多个世纪以来，这种制作土坏的方法几乎没有任何实质的变化，不过现在所用土坯的尺寸较前伊斯兰时期建筑中的要小多了。

喀什噶尔紧邻地区的第二个古代遗址在城的南面，就在克孜勒河旧的左岸上，它的名称克孜勒德拜（意为红色的砖土堆——译者）很可能就源于此[1]。它距城墙东南面最近的点约2英里，而克孜勒河和吐曼河交汇处大约就在下面1英里多的地方。遗迹包括两个位置很近的砖土堆，如图18所示。较大的砖土堆在材料与建筑方面与库尔干梯木遗迹非常相似，但远没有那么高大。现存的砖石堆仅高出周围田地平面27英尺。

这座砖土堆无疑也代表着一座古代佛塔的残迹。因其上部完全颓败，我们无法估计穹顶的尺寸和形状。不过在这里却相对比较容易发现底座的轮廓。看一下平面图就可以明白，这个底座最初是一个大略朝东的长方形。以实际暴露于周围田地水平面之上的遗存结构的最底层计算，东西长约130英尺，南北宽约108英尺。但必须注意的是，南面的耕地向河岸边陡峭地倾斜，河岸距砖土堆脚下仅25英尺，却比耕地的高度低20英尺。因此，这个建筑结构最初极有可能在这一面上延伸得更远，只是它远离中心、暴露于侵蚀作用之下的部分已经滑下了那条陡坡，没有因周围土壤的

---

1 突厥词语debe，发音为döobe，在整个塔克拉玛干地区用来表示小土堆，包括自然的和人工的。这个词还以tepe、töpe的形式大量出现在中亚其他突厥地区的地名中，如土库曼（Turkoman）人记忆中著名的Gök-tepe（汉语译名为科克堆拜，意为绿色的土堆——译者）。

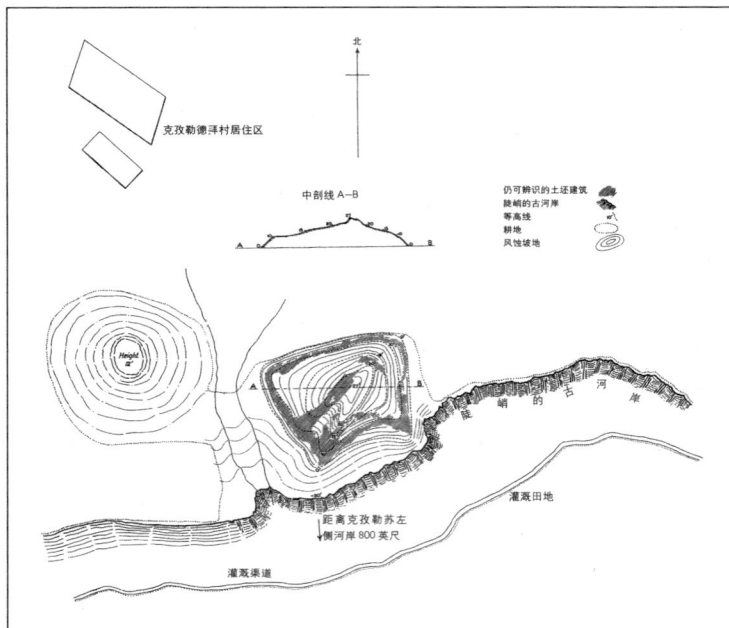

图18 喀什噶尔克孜勒德拜遗址平面图

抬高而被保持在原处。考虑到此地的这一特殊形态，这座佛塔的底座很可能最初是正方形的。

　　被耕地包围的那块三角地地平面实际增高了多少，不经大范围发掘无法作出正确的估计。不过增高的原因与上面库尔干梯木情形中的原因相同，即由于淤泥积累以及可能的空中灰尘沉降所致。认为紧邻砖土堆下面的河岸实际边缘就是原始地面高度这种看法也不太可靠，因为河岸这一部分较低（比田地低20英尺），很可能部分是由于主要从那个方向流下砖土堆的雨水侵蚀的结果。

据附近小村的居民称，这个砖土堆在当地发生的最后一次叛乱（1863年）期间被用作叛军的观察哨。砖土堆所处的"老城"与英吉沙即"新城"之间的位置使它很适于作此用途。废墟顶部和四面可见的广泛发掘痕迹是发生在那时，还是距今更近的时期，我不能确定。这种破损将砖石结构暴露出来，表明此结构是土坯筑成。鲜艳的红砖碎片此一处彼一处从碎片层和覆盖着表面却已分解的黏土层中露出。

在上面描述的砖土堆西面仅50英尺处隆起另一个更小的土堆，当地人称之为克其克堆拜（即小土堆）。小土堆呈圆形，在目前地面水平处直径约125英尺，高12英尺，土堆表面找不到任何砖砌痕迹。整个小土堆被松土覆盖，其中有许多座坟墓。在我去考察的几年前，马继业先生曾下令进行发掘，从那里翻出了一些人的骨架。村民们的叙述无疑表明这些坟墓是伊斯兰时期留下的。很有可能一座古代碎片堆在这里被用作了穆斯林的墓地。同样的情形也发生在喀什噶尔周围许多片荒地上，那些荒地一度被建筑物所占据，现在由于其较高位置而不能开垦。至于这座土堆的最初用途，没有可能给出任何明确的看法。也许，它标志着附属于佛塔的某种佛祠或僧院建筑的位置。

第二节　汗奥依附近的遗迹

我从喀什噶尔的县官那里第一次听说，在喀什噶尔"旧城"东北面约20英里处的汗奥依小村以远的沙漠地上，有古代遗迹。那位县官还告诉我一个传说：早在汉朝时，那个地方就是当地的一个汉人定居点。可我无法确定，这个传说是有一定的历史依据还是（如我怀疑的那样）仅仅是"流行词源学"的推断，因为附近小村的名称汗加依字面意思是"可汗的居住之地"。我在"旅行笔记"中描述了1900年9月4日穿过肥沃的拜什喀里木村庄地区向汗奥依行进的经过，还记下了坐落在汗奥依以西约3英里处的布·马里亚姆·汉诺姆如画的寺院。该寺院是喀什噶尔当地传说中著名的伊斯兰皇家支持者萨托克·布格拉汗圣女一般的女儿长眠之所。

到汗奥依小村东北约1英里的地方就不再有耕地了。再向前行1英里，过了荒秃的达希特，我发现了很大一片低矮裸露的黄土墙垣。其上这里一处那里一处地覆盖着许多片细碎衰败的古代陶器、玻璃和熔渣。这些遗存尽管因为太细小而不能体现出有任何特征性的装饰，却证明了古代曾有人在这里居住。不过看不出形成这些残瓦断壁的房屋建筑痕迹。那些房屋用土坯或泥土垒成，土坯砌的墙壁在很久以前就已消失了。显然，这是风沙侵蚀作用造成的。这些碎片附于其上的黄土相对较硬，其裸露表面也记录着明显的证据，证明着风沙侵蚀作用的毁坏力量。的确，现在的黄土地面高度比住人时的高度低了许多，但因为缺乏遗存结构，我们无法估计地面高度下降的程度。在黄土垣之间的浅凹陷中，东一处西一处地散布一些小沙堆，形成沙丘的雏形。我很遗憾当时没有留下沙的样品，因为对其进行显微分析将能够说清楚这些沙子是那里土地侵蚀作用产生的分解的黄土还是北面山上吹下来的细小的风化碎石。

　　这片布满碎石的地方约有1平方英里，被称为"阿萨唐木"。根据拜希克里木的老阿克萨喀勒（意为老者、长老——译者）索普·尼牙孜波外（波外，维吾尔语意为爷爷、大爷——译者）告诉我的流行传说，"旧城"—— 一位"中国可汗"的都城——就在这里，直到萨托克·布格拉汗将它摧毁。据说给这座城镇供水的旧渠的痕迹在阿萨唐木以南；但传说认为这条渠就是亚曼雅尔河，而亚曼雅尔河却在南方相当远的地方，所以与地理事实不符。

　　从阿萨唐木东行约3英里，穿过风蚀的裸露黄土与漂移细沙构成的低矮沙丘相间的地带，就到达了托帕梯木遗迹。这处遗迹包括一个引人注目的地方砖土堆，形状大致为圆形，用土坯垒成，西面紧连着一个大四方院落的残败遗迹。砖土堆高28英尺，在现在的地面上周长350英尺，能够很容易辨别出是一座毁损的佛塔。时光的流逝完全抹去了它的建筑原始轮廓，然而在覆盖层的分解的碎片之下，有几个地方清楚地露出建造砖土堆所用的土坯的垒砌痕迹。佛塔内部看来没有被动过。佛塔所用土坯与喀什噶尔的那些砖土堆中的非常相似。

与砖土堆相连的四方形结构，东北—西南向的两条较长的边长260英尺，西北—东南方向的两条较短的边长170英尺。它的东角与佛塔的砖土堆脚下相距仅45英尺。沿着标志四方形侧面的矮土堆找不到任何存留于原处的砌造痕迹，所以我的结论是：这些土堆代表着很宽的墙体或屏障的遗迹，用夯过的黏土（黄土）垒成，形式与现今塔里木盆地仍随处可见的一样，其上一度还有现已彻底毁坏的上层结构[1]（图19）。上层结构的明显痕迹是大量的碎片——相当坚硬的砖、木炭以及与低丘表面覆盖的沙混在一起的灰泥。四方结构环绕中的现存遗迹在内部的黄沙表面上高起8~10英尺。它的内部曾经是一座开放的庭院。在顶部测量的土堆宽度从约40英尺（西北面）到少于20英尺（东南面）不等，入口的大门也许就在南面。从四方院落的位置和大小来判断，它很可能是从属于那座佛塔的僧院居所。

从阿萨唐木透过尘沙迷漫的空气我已能看见几乎位于正北方向、被称为"莫尔梯木"的另一组遗迹。从托帕梯木向北西北行进约4英里，我于9月5日到达那里。路上穿过一条约500英尺宽、目前几乎完全干涸的深陷河床。别人肯定地告诉我，只有在极罕见的山间暴雨之后，这片萨依（突厥语专指戈壁地带——译者）

1　喀拉墩是一个设防萨拉伊（即驿站），建在沿克立雅河的古道上。通过对它留下的大四方形遗址考察，可以推测出这种房屋是如何建筑的。

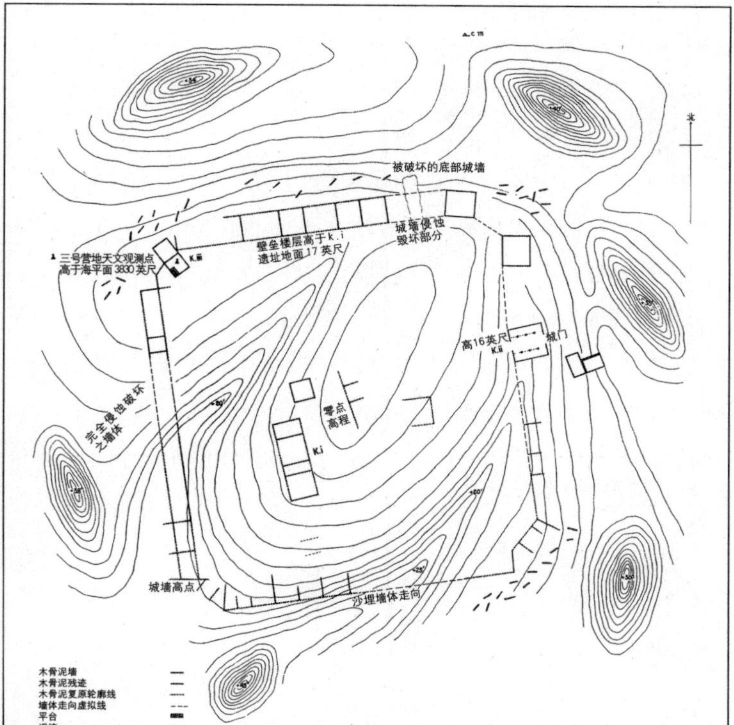

图 19　喀拉墩遗址地形平面图

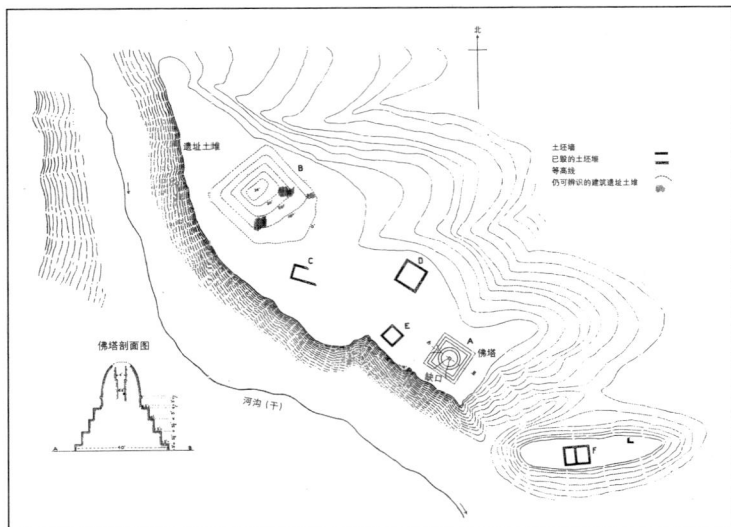

图 20 莫尔梯木佛塔遗址平面图

才能在这条河段上有点水流。河中的水主要来自大村上面喀拉吉勒尕山谷流域的水，平常已被上面的灌溉渠道完全引走了。河床南面的汗奥依田地和北面的依斯科田地现在是那些引水渠灌溉的最低的耕地。在古代，从同一水源引出的水无疑到达了我们现在看到的这个古代遗址，而且也许向东南方向流得更远。即使在今天，在实际被灌溉的地区也一定水量充沛，这才能解释布·马利亚姆·汉诺姆以下约25英里处阿图什河河道与喀什噶尔河相交处存在的湿地。除了在罕见的洪水期通过上面的实际河床到达那一处的水，我相信灌溉吸收的水也在那里以泉水的形式又渗透到了表面。

莫尔梯木在一块孤立的舌形高地端点处占据着一个显眼位置，那块高地从低矮荒凉的砾岩山脊向下倾斜伸展到平地的边缘。这片平地向小阿图什以东延伸，最终在遗址东部数英里处的宽阔沙漠上消失。考虑到这样突出的位置，这个遗迹——尤其是构成其最显著特征的佛塔——的保存完好实在令人惊喜。遗迹所在的很小的碎岩石高地在西北至东南方向上约500英尺，顶部宽只有100~150英尺，从来也不可能用于农耕，因此这里的结构也就免于因周围土地的逐渐升高而部分被埋。因此，它们也就缺乏真正的沙漠遗址上流沙沉积所形成的保护。

这片地区如此多的类似遗迹都遭到毁坏，这处遗址相对说来却幸免于难，在我看来要归结于两种外部环境的联合作用：一方面，虽然所有居住区或常有人行的道路附近的古代结构都面临着遭破坏的危险，但莫尔梯木遗迹看来并没有面临这种危险；另一方面，它处于一座小山的遮蔽之下，因而免遭沙漠上的风及风所带来的沙的彻底侵蚀。

平面图（图20）显示出此处的主要遗存包括上面提到的小高地末端处的一座佛塔和其后部约200英尺处一座大的长方形砖土堆。

图17和图21分别展示了从西南和东南方向看到的佛塔。佛塔建在一个正方形底座上，由相继错后的三层构成。最底层各边长40英尺，在地面之上3英尺。其余两层高均为5.5英尺。每一层都比它下面那一层错后3英尺。最高一层之上是一个圆形的底座，高5英尺，直径24英尺。其上又有一个鼓状物，高5英尺，顶部和底部都装饰着突出的轮廓清晰的飞檐。在鼓状物之上，终于出现了佛塔的穹顶，底部直径17英尺，与鼓状物相同。穹顶顶部已经毁坏，但如截面图中显示的，现存砌造结构高约14英尺，因此，这个穹顶或圆屋顶不可能是半球形，而一定是灯泡形。

从截面图中可以看出，目前状态下的佛塔高仍有38英尺。佛塔坐落在狭窄的高地上，因此看起来显得更高。那块高地本身比周围土地高出30~40英尺，西面和南面非常陡峭。佛塔的正方形底座非常接近正确方位。而在仅有的另外两座保存完好因而能够准确地画出底层平面图的佛塔（托帕梯木和尼雅遗址）的例子中，我们发现讲究朝向的是正方形底座的边而不是角。这种安排上的区别颇令人感兴趣，但由于这样的例子很少，所以要从中得出年代顺序或其他方面的结论就不太有把握。

佛塔表面原来都覆盖着一层发白坚硬的灰泥。图21中显示在东南面的底座部分仍有一些灰泥附着其上，这是因为那个部分受到了突出的飞檐的保护。这一面显然最少遭到气候的毁蚀。我还在同一面观察到保存完好、支撑鼓状物顶部和底部轮廓清晰的灰泥飞檐的木结构。用于此种目的的红柳枝条在许多地方仍紧镶于

图 21 莫尔梯木佛塔，自南面看

砖石结构中，树枝的表皮常常还在。外表面上除失去灰泥覆盖外均保存良好的地方可以看出坚固垒砌的土坯。土坯有规律地构成水平层状，每层之间都有约 2 英寸厚的黏土层。在西北和西南面底座和穹顶的不同高度处有很深的切凿，这使我能够确信整座佛塔都是用同样的材料、以同样的建筑方式筑成的。

　　西南面显然是很久以前虽被切凿而几乎没有影响整个结构的

稳定性，这一事实证明了建筑的坚固性。这个切凿暴露出一条小的柱形孔道，2英尺8英寸见方，垂直地通过佛塔的穹顶和鼓状物的中心。也许它还继续从鼓状物之下进入底座，然而那一处的切凿很宽，已毁去所有的痕迹。在穹顶中，这条孔道加宽成为一间小室，4英尺见方，到达穹顶现存结构的顶端，高5.5英尺。没有线索显示出这间小室最初的高度，或它的上部怎样闭合。

几乎毫无疑问，佛塔中间的这个柱形空间或小室最初是建造来容纳存放佛陀的遗物的。在尼雅遗址、安迪尔和热瓦克的佛塔中，即我在塔里木地区所见的保存完好足以进行仔细检查的所有这类结构中都发现了这种存放的遗物。而我也总能发现，佛塔中这个存放东西的地方总是被人挖开以寻找宝物。米尔扎·海达尔令人感兴趣的记载中曾表明，从喀什噶尔到和田，塔里木地区的许多不同地点在伊斯兰时期都发生了对古代遗迹的大规模掠夺，考虑到这一点，我们也就不应感到吃惊，这些引人注目的建筑也许在相当早的时期就已被系统地打开和"探索"过了。和其他地方一样，在莫尔梯木佛塔这里能够看到，即使是佛塔中心已被触到、也许曾一度存放的物品已被成功取走之后，人们还在寻找宝物的希望促使下继续行动着。显然是在一个更近的时期，有一条孔道从西北面的脚下地平面处被开凿到底座那很硬的砌造结构相当深的地方。

在布奈尔的塔赫塔般德毁损佛塔和古代呾叉始罗附近的巴拉尔毁损佛塔的穹顶中，我发现过毁坏得更严重但仍能清楚地辨认

出的、与莫尔梯木佛塔中央孔道上的正方形小室一样的结构。从
我听到的模糊描述中判断，我们也许可以假定，在马尼亚拉佛塔
和喀布尔河谷几次阿富汗战役之前及之间已被"探索"过的无数
佛塔中都存在这类正方形小室。不过这一相同特征的用处仅仅在
于，它更明确地凸显出我在塔里木地区察看的所有佛塔与现存于
喀布尔河谷及印度西北边境的类似佛塔之间在一般建筑安排上非
常相似。莫尔梯木、托帕梯木、尼雅、安迪尔和热瓦克的佛塔都
显示出每座佛塔所必备的不变的特征，即穹顶是建在一个正方形
的底座上并呈三层结构。在几座不同的佛塔之间，三层之间的相
对比例非常悬殊，穹顶的形状和底座顶层与大圆顶中间镶入的鼓
状物或柱形部分的相对高度也非常不同，但底座的正方形及其三
层结构的安排则是一个不变的特征。而正方形这一点也是印度和
阿富汗边境地区绝大部分佛塔都具有的特征。与此相对，圆形底
座属于佛塔建筑的一个更早的时期，在上述地区中只有很少数的
几个例子，而在塔里木地区则看来完全没有。

　　福彻首先注意到玄奘的一条记录的真正意义。这个有趣的记
载告诉我们，塔里木地区佛塔的正方形底座被安排成三层结构，
是严格遵循印度河以远佛教地区流行的神圣传统所要求的建筑方
式。玄奘在描述捕喝国即巴尔赫附近地区的某些小佛塔时讲到佛
怎样教他最早的两个弟子正确地崇礼他留给他们的一些遗物。他
首先拿出他的袈裟，把它叠成正方形放在地上；在其上放上他的
法衣；在其上又放上他的圣喀克锡卡；在这些衣物之上，他放上

了倒转过来的托钵；在其上又放上他的锡杖。"如是次第为佛塔。二人承命，各还其城。拟仪圣旨，式修崇建。斯则释迦法中，最初佛塔也。"如同福彻解释的那样，那三件折叠成正方形、最下层最大、最上层最小的衣服毫无疑问就代表了佛塔底部依次错后的三层台阶；上面翻转放置的覆钵形状就是穹顶；而锡杖则是装饰着所有佛塔的尖顶，大多由木头制造，上面缀有法伞。

如果能够追踪一下这个传说中描述的正统佛塔建筑系统流行的佛教崇拜地区和时期，应该很有趣。但是我目前的工作时间和范围不允许我进行这样的追踪；而且现在保存尚好足以进行精确复原并近似采集数据的新疆佛塔数目非常有限，仅靠它们就想立刻引申出关于佛塔主要建筑特征如何发展的结论我也觉得不够可靠。可以假定，中国塔里木盆地和印度一样，严格的半球形穹顶（在上面的传说中适当地以覆转托钵的形象表明）代表着现在残留的遗迹中最早的形式；而带着夸张式的鼓状物的灯泡形穹顶则是较晚期的。不过，只有研究一下印度西北边境及以远地区所有的佛塔遗迹和仍然现存的佛塔模型，才能够提供这种变化的编年顺序方面的可靠标准；而即使是这样推断出的数据也并不暗示着就能适用于更广泛的互不相连的地区的遗迹。

在佛塔后面即西北方向约200英尺处，有一座很大的长方形土堆（图21），是坚固的土坯结构，与佛塔同处于低矮的碎石丘脊之上，高34英尺。佛塔的外部都非常破败，无法复原其平面图和尺寸，它最初的形状和用途也同样无法确定。在东南面能够约略辨认出三层结构，有镶入砖石结构的小室或大的壁龛的痕迹。东南面遭受的因暴露而导致的衰损最少。平面图显示出，此结构在地面水平上东南到西北方向长约86英尺，最初的宽度在同一平面上约71英尺。但东南面的跟前积累起了碎片，使得哪怕想大致将这一数据确定下来也变得更加困难。这里堆积的碎片也许是由于从前这里有一些平台或通向更高层的阶梯所致。

如果不是俄国和德国的学者最近在吐鲁番地区对一些种类相似而保存更加完好的结构进行的调查所给予我们的启示，哪怕仅仅是想要猜测一下此结构的最初用途都很困难。他们调查的那些遗迹是正方形结构，每一面上都有一些穹隆形的佛龛，安置在一层层错落的台阶上；而那些台阶上仍然包含有佛或菩萨的大灰泥塑像的遗迹。克莱门茨的吐鲁番古代遗迹初步检查报告中对这些遗迹的简单描述，以及他在那里给出的位于阿斯塔那和斯尔克普两处遗迹结构的图示，明白显示出它们的轮廓很像一座截短了的金字塔，与莫尔梯木砖土堆的样子一样。那里记录的一些砖土堆的尺寸也与我在莫尔梯木砖土堆得到的非常接近。不过吐鲁番的遗迹中至少有两座内部含有空室或厅堂，但我在莫尔梯木遗迹中却找不到任何这样的痕迹。不过我并不怀疑莫尔梯木的建造是做同样的崇拜之用。这些四方形的结构，其上有一排排的佛像，代替了古代犍陀罗，即耶马尔噶尔赫、塔赫特·伊·巴赫、拉尼嘎特的无数毁损毗诃罗中佛塔周围原有的寺庙庭院，那些庭院中有很多列的塑像，每个都位于一个独立的壁龛或小庙之内。基于格伦威德尔教授研究基础上的更为详细的情况报告将要发表，我希望它能使我们在这一点上形成确定的看法。

在佛塔和刚刚描述的砖土堆之间有两处正方形小佛堂遗迹（在图20中用 D 和 E 表示），另外还有一个长方形的小建筑遗迹（C）。低矮塌损的墙壁显出是土坯垒砌而成的。D 和 E 的墙壁外侧面分别长26英尺和18英尺，C 宽15英尺。所用土坯的尺寸与佛塔中的近似相同。第四个小结构的遗迹 F 是一个27.5英尺 ×21英尺的长方形，其中有两间屋子，位于佛塔南面梯形岩石堆的一个较低阶梯上，与岩石脊的端点之间隔着一条很窄的深沟。这些小建筑没有一个有足够的标记能指示出它们初的用途是作为寺庙还是信众的居住地。通过检查它们也推断不出莫尔梯木遗迹的年代。我听说附近地区出土过中国古代铜钱，但我并没有看到过正式可靠的发现。不过有一点是肯定的，即这些遗迹是伊斯兰时期以前的，当地传说也完全证实了这一点。当地传说认为拱拜孜（拱形建筑——译者），即佛塔，是哈伦·布格拉汗摧毁阿萨唐木古城以前住在城中的著名的 "秦和马秦王"的观察塔。

在结束我对汗奥依地区古代遗迹的记述之前，我必须谈到莫尔梯木西南方向约3英里处荒秃的达希特之上的一个奇怪结构。它的墙壁是用倒在模子中的黏土筑成的，可以看出来向内倾斜，整体构成一个长方形，西面和东面长约23英尺，北面和南面宽约22英尺。墙比地面高出16.5英尺，厚3.5英尺，显然是依木制的模子而且以水平层状（每层约1.5英尺高）地砌起的。用于建筑的黏土在模子中被踩实——整个塔里木地区至今仍然流行这种样式。如同照片中所显示的,墙脚尤其是角落的地方,风携来的沙子的侵蚀造成了很大程度的破坏。这个结构似乎从来没有屋顶,也似乎没门。现在是通过东墙上挖出的一个狭窄的孔进入其内部。

这个遗迹通常被称为"喀普塔尔哈纳"(即"鸽子塘",见图

图22 拜什喀里木汗奥依附近的喀普塔尔哈纳(鸽子塘)废墟

22）。这个名称的来由是墙的整个内面上成行排列着小壁龛——上面是尖的拱——看起来很像鸽子窝。这些小龛分成6行，每一行在西面与东面各有15个孔，在较短的北面和南面各有13个孔。每一个孔高约11英寸，宽、深均为10英寸。最初似乎是用来盛放人的骨头的，因为里面的地上布满了人骨，而且据我从当地得到的信息看，那里的情况一直如此。在这个孤立的结构之中或附近，没有什么东西能够提供关于它的年代的证明，尽管保存很好的墙壁似乎排除了它年代久远的假定。它的形状和用途使人想起它是个骨灰存放处。然而无论是印度的佛教习俗还是伊斯兰教似乎都不允许这样遗弃人的遗体。这种现象与正统的祆教仪式似乎也不相符。除非这个奇异的遗迹能被看出是喀什噶尔地区具有相当规模的景教基督徒教团时期的遗存，否则我们就只好从中国这一面来解释它的用途了。

第三节　叶尔羌（莎车）绿洲和城市

1900年9月11日，我终于从喀什噶尔出发开始了前往和田的旅行。我没有走平常的驼队路线通往莎车，而是选择了穿过香火很盛的奥尔旦木帕迪夏寺院周围流沙地区的路——此路与喀什噶尔至英吉沙的道路在克孜尔绿洲交会。我的"旅行笔记"中已有这方面的记述，所以在这里就没有必要再描述我的行程或者沙漠中那个香火旺盛的圣地的外貌。在我到达莎车之前我就听说有两处所谓的古遗址阔纳协尔。其中一个被称为"克孜勒德拜"，位于耶克先拜（即汗阿里克的礼拜日巴扎）西北约5英里的地方。测量员拉姆·辛格曾去过那里，说仅能看到散布着碎片的荒地，像阿萨唐木那里一样，还有一个土制平台或许墙垣的些微痕迹。另一个旧址被称为"巴依汗"，位于阿齐齐克绿洲巴扎东南约16英里处。我在前往奥尔旦木帕迪夏的途中曾试图到那里去，但没有成功。

　　奥尔旦木帕迪夏是一座偏僻的四周包围着高高的移动沙丘的吉亚拉特。它的神圣之处主要是由于这样一种虔诚的信仰，即相信它标志着萨托克·布格拉汗的孙子、神圣的苏里唐·阿尔斯兰·布格拉汗和一批忠诚的伊斯兰信徒在祈祷时遭到和田来的异教徒军队袭击而被消灭的地方。这个烈士的有关情况在《帕迪克拉·伊·萨托克·布格拉汗》中有长篇的叙述，贝劳乌博士曾给出了全部摘引。这个朝圣地附近没有任何种类的古代遗迹，但考虑到不停出现的证明，证明当地人持续不断地在这一地区进行崇拜活动，似乎应合理地问到这个问题：奥尔旦木帕迪夏是否像和田周围的许多麻扎一样，其名声是从此地更早的佛寺圣地中继承下来的？

　　奥尔旦木帕迪夏无疑位于喀什噶尔与莎车绿洲的最直接连线上，所以要确定两地之间的主要通路曾通过那里并且通过邻近的哈兹拉特伯给木寺院是有历史根据的。我们马上会看到，假定这样一条较短的路线能帮助我们解释玄奘记下的从佉沙即喀什噶尔到斫句迦的旅程距离。根据这位朝圣者的行纪，斫句迦位于喀什噶尔东南500里。圣马丁和他之后的其他人将斫句迦确定为莎车。但我们将要看到，玄奘的记述表明，应该在更南即目前的叶城方向上寻找斫句迦。

尽管从各方面来说莎车都是一处历史相当久远的地方，但要找出公元13世纪蒙古统治之前它的名称或甚至它作为一处重要城镇的存在证据都是困难的。关于蒙古统治时期的中国元史中，莎车、喀什噶尔以及和田这些城市一起出现时，常常被称为"叶尔羌"等。马可·波罗也记下了他从喀什噶尔到和田路上经过的鸭儿看省。他在那旦发现，在大量的穆斯林人群中有景教和雅各叙利亚教会基督徒。他还对当地流行的甲状腺肿大感到震惊。米尔扎·阿巴·巴克尔在"旧城"所在地进行的发掘据说挖出了大量财宝，这也许提供了最直接的证据，表明莎车拥有久远的历史。米尔扎·海达尔没有指出发掘地区的准确位置，但他却足够细致，写下了这样的话："不知道这个旧城是被称为'莎车'呢还是它另有一个名称。"他还补充道，在他祖先的时代，"莎车是英吉沙的伴城"。

我相信我们应该特别注意后一陈述，因为它有助于解释为什么玄奘——关于这一地区古代地形学的最可靠向导——或唐代记载中都没有能够明确地被认为是关于莎车的记载。上面我们看到过玄奘对乌铩的记载，说乌铩位于慕士塔格阿塔山以东，南面延伸到徙多河即叶尔羌河。因此乌铩不仅包括现在英吉沙地区的绝大部分，而且包含莎车绿洲的全部。从传统上以及现代的行政区划来说，莎车绿洲仅限于叶尔羌河从山中流出之后的左岸上很小却很肥沃的一片地区。根据玄奘的记述，在他的时代乌铩国依附于揭盘陀即萨里库勒的统治者，这就很容易明白为什么现在的莎车所对应的古代城市（不论它是乌铩的都城还是仅是其主要中心之一）都被玄奘和《唐书》的作者跳过不表。在那时或者更早的时候，莎车的重要性因其南方的，中国史书称为"朱俱波""朱俱般"或"斫句迦"的独立王国的存在而又进一步地被削弱了。朱俱波王国在乌铩与和田之间，我们下面会看到，它一定对应着现在的叶城地区。

　　汉代叶城地区被分成一定数目的小国。这种状况也许能与这样一件事联系起来，即《汉书》记载了一个被称为"莎车"的相对来说比较重要的王国，据中国地理学者的看法可能对应着目前的莎车地区。《汉书》的记载将莎车国（其都城同名）的位置记为距疏勒即喀什噶尔560里；方向或记为南面或记为东面，却就是没有记录为真正的东南之间的方向。下面这条记录中包含一个更明白的地形学描述：子合国（可以认定是叶城和它上面的那些河谷）在莎车南面与它相连。莎车人口估计为16 373人，几乎是疏勒人口的两倍。莎车军队3 049人，表明它是具有一定重要性的小国。书中提到汉宣帝统治时期那里的朝代更替，似乎暗示着莎车的统治者与强大的乌孙国之间的特殊关系。而从驻扎在那里的汉朝官员名单中也许可以作出结论，在汉朝维持其属国的行政管理系统中，莎车具有某种重要性。东汉开始的时期里，据说莎车统辖着和田。

我在莎车停留期间没有看到附近地区有任何古代遗址或属于前伊斯兰时期的古物。不过另一方面，我却意识到这个城镇作为一个商业中心所享有的极为特殊的优越性。莎车位于从和田、拉达克和阿姆河地区来的重要道路与去向喀什噶尔和塔里木盆地东北部的道路的交会处，这个地理位置无疑带来了它长久以来的繁荣和兴隆的贸易。当地的丰富出产有利于大批城市人口的增长——这一点，加上它从妫水河谷的所有部分、拉达克、巴尔蒂斯坦、阿富汗和中国边境地区吸引来的以四海为家的移民，反映出莎车重要性的真正原因。因此，班奈迪特·高兹告诉我们："喀什噶尔王国的都城叶尔羌是值得注意的商业中心，商人大量汇集，物品多种多样。在这个都城，喀布尔商人的旅队来到它的终点站，另一个商队却在启程前往契丹。"尽管在唐朝的治理重新确立之后莎车已不再是政治文化中心，但上述景象依然如故，因此我们可以得出结论：这个城市的繁荣状况——马可·波罗的描述也表示出这一点——从很早的时期起就一直维持着。

第四节　文献记载中的叶城

我们已经谈到，玄奘在离开喀什噶尔之后向东南方向行进500里来到斫句迦王国。因为他明确提到路上经过斯塔河（即叶尔羌河），所以斫句迦无疑就是现在的叶城地区。粗略地说，叶城包括围绕着拉斯卡木达里雅，即上叶尔羌河河谷的积雪山岭倾斜而下的山坡地区，山区北面的脚下被那条河的下游和塔克拉玛干的沙漠围绕着。这些山岭中的河流进入平原后，或汇入叶尔羌河，或被用来灌溉，在它们出山的地方我们可以发现肥沃的冲积土壤上形成了引人注目的富庶的绿洲。其中最大的一片绿洲是叶城绿洲，其上有一座具有相当规模和相当重要性的城镇。这片绿洲由提孜纳普及更小的其他一些河流提供水源；北边与一片有无数村庄的开垦地带相接，那个开垦地带从叶城镇向叶尔羌河右岸绵延约25英里。

玄奘描述的"周二十里"，有高而坚固的城墙护卫的斫句迦都城，还不能确定就在目前的叶城所在地还是在更北边离叶尔羌河不远的波斯尕木巴扎处另一个繁荣的定居区。不过可以肯定的是，玄奘对整个地区"周千余里"（即10天的行程）的描述准确地对应着叶城地区。"编户殷盛。山阜连属，砾石弥漫。临带两河，颇以耕植，蒲萄、梨、奈其果寔繁。"后一种叙述尤其适用于此地区高

图 23　叶城耶提橹库木的清真寺和水塘

处的村庄地带，但从前面的描述中也很容易辨认出构成外围群山的卵石覆盖的达希特的巨大斜坡以及向北伸展的移沙构成的平原。此处提到的两条河显然是扎拉普香和提孜纳普河，它们及其支流灌溉的绿洲上仍然有大量富产的果园和藤架。我从北面而来时也像玄奘一样，被叶城周围所见的果树及其他树木的丰富种类和繁

图24 赴麦加朝圣的喀什噶尔人

茂姿态惊呆了。那里的乡村景象更多地使我想起克什米尔而不是这个王国里的其他什么地方（图23）。

玄奘谈到那里的人们时就不怎么恭敬了。"人躁暴。俗唯诡诈，公行劫盗……礼义轻薄，学艺浅近。淳信三宝，好乐福利。伽蓝数十，毁坏已多。僧徒百余人，习学大乘教。"由此看出，到玄奘访问期间，这个王国里的佛教机构已经过了最兴盛的时期。不过玄奘又注意到这样一个有趣的现象，即他们保存的大乘部佛教经典比任何其他地方都多。"而此国中大乘经典部数尤多，佛法至处，莫斯为盛也。十万颂为部者，凡有十数。自兹以降，其流实广。"

不管那里的佛教典籍为什么那么丰富，考虑到我们在上面曾谈到过的佛教两个部派在西域的地区分野，可以肯定的是，大乘部教义在斫句迦占有优势标志着此地与和田建立的佛寺联系密切。我们得知这里使用的书写字母与瞿萨旦那即和田的一样，这与上面的判断正相吻合。但玄奘也告诉我们，两地口语并不相同。下面要讨论的《宋云行纪》和《唐书》中的同样记载支持并解释了玄奘关于斫句迦的书写文字的叙述。那些记载告诉我们，该地区的书写字母与婆罗门人的相同。从和田古代遗址发现的写本中我们发现，那是仅有一点细微改动的印度婆罗米字母，唐代的和田就主要使用这种字母。

玄奘关于口语的叙述却与比他更早的宋云及其同伴惠生记述的不同。他们的记述表明，朱俱波（斫句迦）的人与于阗（和田）人的口语相似。我们知道这两位朝圣者大约于公元519年时访问了和田和叶城，他们对于在叶城周围听到的语言所进行的观察，得到了《唐书》的印证——那里提到萨里库勒人的语言与和田语言有密切的联系。这种密切联系可由两者皆使用伊朗字母得到完全的解释（丹丹乌里克出土的由所谓"不知道的语言"写成的文件证明和田是使用的那样的字母）。所以我们可以假定，萨里库勒与和田之间的叶城地区同样存在说一种东伊朗方言的人口。

前面讨论《唐书》中提供的关于萨里库勒和和田的古代语言的证据时，我们曾提到了叶城地区中更为僻远的山区中的帕合颇部落。尽管他们的语言仍有待调查研究，但人种学的证据表明这些山民无疑一定与目前萨里库勒和更西面地区河谷里发现的噶勒恰（塔吉克）山民同属一类。如果我们把帕合颇人当作原初叶城人口的一个残留，那么惠生的陈述从这个意义上就变得易于理解了。玄奘所注意到的不同的种族状况也许是惠生特别提到的嚈哒统治的结果，也许仅限于叶城低处较易进入的地区。玄奘在前往和田的途中可能只通过那一地区。

玄奘的确说过到叶城南部边界处的高山地区植被生长被严冬所阻碍，但很明显，他提到这个显然只不过是因为远远听来的佛教传说。据说大山崖上的无数岩龛石室常有印度阿罗汉奇迹般地来访，并在那里得以涅槃。在玄奘访问时，流行的信念仍相信其中的某些岩石深穴中住着三个阿罗汉，"入灭心定"，但他们枯槁的身体上毛发仍在生长。

沙畹先生第一个认出《唐书》和《宋云行纪》称为"朱俱波"（或"朱俱般"）的紧邻和田以西的王国就是玄奘所称的斫句迦。《唐书》提到此国位于疏勒（喀什噶尔）和喝盘陀（萨里库勒）之间。

朱俱波亦名朱俱盘。汉子合国也。并有西夜、蒲梨、依耐、得若四种地，直于阗西千里，葱岭北三百里，西距喝盘陀，北九百里属疏勒，南三千里女国也。胜兵二千人，尚浮屠法，文字同婆罗门。

这里标志的位置明显与目前的叶城及玄奘的斫句迦相应，尽管和田与喀什噶尔之间的估计距离比《大唐西域记》中说的要长一些。提到的朱俱波吞并几个早期的小国一事更支持了上述判断，因为《汉书》中有关子合、西夜、蒲犁和依耐的条目表明，这些小国互相紧密相连，位于目前的莎车以南。提到西夜的段落写道"西夜国王号子合王"，与"两地具有特殊联系"这一点相符。现在的中国地理学家将西夜和子合认定为于勒阿里克和科克亚的相连的村庄地区。不管这种认定是基于历史事实还是有学问的猜测，它并不能以令人信服的理由使我们相信朱俱波的合并之后的领地政治文化中心在南边那样远的科克亚。那个地方与喀什噶尔至和田的直接道路相距甚远，而玄奘的记述则引导我们沿着这条路来寻找他的时代存在的此国的都城，所以目前的叶城邻近地区就更像是此都城的应有位置。

子合是朱俱波国一个部分的说法很有趣，因为它可使我们明确地追踪法显离开和田后所循的道路。我们从他的旅行叙述中得知，法显从和田出发，25天后到达子合国。他发现那里的统治者崇信佛法，周围"有千余僧，多大乘学"。法显一行在子合国停留15天，南行4天，至葱岭山中。从这个叙述看，在法显的时代，此地都城很可能也是在昆仑山以北一个相对开阔的位置上。我们已经看到法显离开子合后的下一个目标就是萨里库勒，他可能是沿着过扎拉普香以南山脉的道路到达那里的。

公元519年，宋云离开和田向西行进也是走的穿过叶城地区的道路。《宋云行纪》称此区为朱驹波国，说它富产谷物；居民住在山中，吃发面食物，禁止杀生。他们所享用的唯一肉食是自然死亡的动物。至于习俗语言，宋云说与于阗（和田）的相似；书写则采用印度婆罗米字体。王国周长约50天行程，与玄奘的周千里比较，表明此国尚未获得它后来拥有的大片土地。

编纂于公元644年的《北史》关于同一地区的一条更简单的注记资料来源是宋云的同伴惠生的记载。惠生称此地为朱居。除了肯定《宋云行纪》中的基本点，他还告诉我们那里的人们都崇信佛教，并臣服于嚈哒。

关于此地的政治关系，中国史书提供了更多的信息。《北史》的另一个段落中以悉居半之名提到这一地区。我们发现，太延年间（公元435—439年），那个国家曾派使者来到中原帝国，其朝贡物品立即就被接受了。以前引到的《汉书》中的记录表明，后来被朱俱波吞并的那些小山国，在汉代都承认西域都护的管理权威。朱俱波后来对嚈哒人势力的臣服在《梁书》（记公元502—556年间事）中也有记载。

西突厥人继承嚈哒成为中亚最强大的势力之后，朱俱波无疑便成为臣服于西突厥主权的许多小国之一。因此，公元646年，唐太宗向西突厥可汗射匮索要公主聘礼时点到的王国里，同库车、和田、喀什噶尔和萨里库勒一起的还有朱俱波。不过公元639年唐朝军队向着吐鲁番的胜利远征已经预示着，在唐朝对塔里木进行治理时，朱俱波的统治者和喀什噶尔统治者一样，已感到派遣使者带着方物朝贡唐朝朝廷方为上策。唐朝的实际治理是公元659年镇压掌控喀什噶尔、叶城（朱俱波）和萨里库勒的突厥首领吐门的反叛后完成的，朱俱波于是便列于唐朝同年在四镇所辖地区建立的行政管理单位中。关于此地的汉文记载我能接触到的只有这么多。我在叶城的短暂停留中也没有了解到任何可以帮助我们看清其历史的古代遗迹。

第五章

叶城至和田之路：古代地形和遗迹

第一节　沿着沙漠到和田

1900年10月2—12日，我沿叶城直接到和田的道路行进，那条路差不多是塔克拉玛干边缘的一条向东南方向去的直线。道路的绝大部分穿过极端荒凉的地带、砾石的达希特或裸露的黄土地，北边被沙漠的流沙所围绕。不过路上不时也有绿洲出现，为旅人们提供方便的休息地点；要不是它们，利用这条路进行贸易就更困难了。我们发现，沿路绿洲一片接着一片，墨玉河河谷以北，昆仑山的冰川融化形成的河流通过从山脚下的坡状石砾荒地，一直流到沙漠边缘，这些地方都是绿洲。为了从历史地理角度了解这些小绿洲的重要性和绿洲中的古遗迹的意义，需要先简单谈谈它们最显著的自然特征。

克里阳、桑株、杜瓦山谷的河流在春季和夏初从山中携下汛期洪水，洪水流经倾斜的达希特（当地人称作"萨依"）的路段时分成许多条水道，在下部几乎完全被皮山、木吉、藏桂和皮亚勒玛等繁荣的小定居点的灌溉所吸收。这种由于融雪的颜色而被形象地称为"阿克苏"（白水）的汛期河水只有一小部分能最终到达更远的沙漠地区，在那里，浅浅的水流不久就完全消失在流沙的沙丘中。更有限但更能够经常性供应的水被称为"喀拉苏"（黑水），是上述那些河谷和萨依的地下水渗溢到地面形成的泉水和洼地中的水，人们为了垦殖需要而将它们小心地保护起来。

荒秃的达希特和沙丘之间定居点，一直受到达希特和沙丘的覆盖和包围的威胁，这一形势与新疆的绝大多数绿洲一样。但有一个与其他绿洲不同的重要自然特征特别值得指出，因为我的探险表明它与古代遗迹颇有关系。至此为止我们所讨论或提到的塔里木盆地中的大绿洲如喀什噶尔、英吉沙、莎车、叶城，以及其他一些重要的如和田、于田、阿克苏等，它们的水源就是流经这些灌溉区，并将流向更远的地方去的大河，正是这些大河保证了这些绿洲的存在。但叶城与和田之间道路上的绿洲，以及我沿塔克拉玛干边缘访问的更东面的其他绿洲，实际上却标志着那些给它们带来耕作可能性的河流的终点。

我在和田以东对古代遗址进行的探索证明，这些终端绿洲在考古学方面的重要性远大于它们在地理学方面的重要性。由于一些部分是自然、部分是历史的决定性的原因，这些终端绿洲的位置和规模很可能在不同的时期里经历过的相当大的变迁。历史上，这种变迁相对来说很频繁，而且这些地方近旁就是能封存物品的沙漠，所以在这些绿洲的周围地区，无论是结构完整的，还是勉强可以看见一些痕迹的古代遗址，都比在其他种类的绿洲上更容易寻找。在其他种类的绿洲上，绿洲与沙漠的分界线的变化相对整个绿洲居住区面积而言一般是很小的，居住区内的古代遗址就总是很有可能或被经常重建的建筑毁去，或因被长期开垦造成的淤泥堆积而深深地掩埋起来。

在叶城至和田路上的几乎每片小绿洲附近我都找到了古代遗迹，而只有在了解了前述的普遍性观察之后，我们才能从这些古代遗迹中充分认出它们对于此路的古代地理所能提供的有趣证据。这些遗迹本身并没有惊人的考古学价值，但在我看来，它们却有力地证明：尽管上面提到的每一条河流的灌溉区都在横向即向东或向西的方向上，经历过相当的变化，终端绿洲的连线以及商路所循的"线"却在此前一千年或也许更长的时间里没有什么变化。我将依照我向和田行进过程中遇到的先后顺序记下那些古遗迹，不过在此之前，我们有必要先提一下有关此路的历史文献，并指出那些看来是导致沿此路的绿洲连线具有稳定性的自然条件。

我后来的探险笔记显示，有历史记载以来，位于和田以东塔克拉玛干边缘的绿洲位置曾有巨大变化，依赖于这些绿洲位置的、一度重要的向东路线的位置也因此而有了巨大变化。我在丹丹乌里克、尼雅遗址、安迪尔和乌尊塔提的考察明确了这样一个事实，即在公元的头8个世纪里，那里的一系列明显是终端型的绿洲曾比现属于田地区的小开垦地区连线向北更远地深入大沙漠。同样，我们也有相当理由相信，一度常有人走的、连接和田与车尔臣、罗布泊和中国西端的路线尽管也许并不全程沿循终端绿洲的连线，但也远比目前的位置偏北。与此相比较，上面段落谈到的绿洲线的稳定性就迫使我们作出一个解释。

如果考虑到自然条件的不同，我想和田以西路线的稳定性和以东路线的巨大变动之间的鲜明差异可以充分地得到解释。显然，夹在小绿洲线与山脚之间的不毛的萨依地带在和田以东比以西要宽得多。这种由山上冲下的砾石和风化碎石的斜坡的宽度与形成它的山岭的大小有直接关系。叶城—和田一线南部的山岭仅是昆仑山系外围山岭的支脉，而和田以东达希特地带后面升起的却是北部主要山岭构成的巨大屏障。

这种山脉地理学状况的区别显著地影响到位于萨依与沙漠大沙丘之间、只有靠供水才能开垦的狭长的肥沃黄土地带的水供应。和田以东的主要山岭由于丰富的、部分由冰川供水的水流系统而发源了几条相对来说较大的河流如策勒河、克里雅河、亚通古孜河和安迪尔河。但大部分河水在流经宽阔的萨依时就消失了。萨依的平坦表面在夏季汛期有助于新的分流水道的不断形成。被吸收的水在萨依的较低部的边缘以大量的泉眼和湿地的形式重新出现，构成玉龙喀什河和克里雅河之间所有现存绿洲的灌溉系统的最重要的组成部分。我在策勒到克里雅之间的绿洲上收集的情况表明，这种泉水能够提供的灌溉水平起伏很大，经常变化。在上几代里被废弃或新形成的定居区也提供了证据，肯定了当地的这种说法。显然，类似的状况一定在整个历史时期内都主导着这一地区。如果我们再进一步考虑到那些河流中流下的大量的水在更加繁荣、人口更为密集的时期里导致了更大规模的系统灌溉工程——这些工程在后来的衰落时期里便被废弃了——那么这一地区内绿洲线的巨大变化就变得容易理解了。

和田以西路上一串小绿洲的自然状况则截然不同。一方面，克里阳、桑株和杜瓦这些河流提供的水量要有限得多；另一方面，也许是由于萨依地带的狭窄，相对而言泉眼较少，这部分水就不构成影响灌溉的主要因素。因此，我们就能理解为什么这些河流的水在历史时期内从不曾将水携带到离萨依的北缘——也就差不多是绿洲线——很远的地方，还有为什么和田以东经常发生的开垦区会从南向北或从北向南发生小的移动的现象，不会在这里出现。

事实上，从皮山到皮亚勒玛的绿洲主要依赖春季融雪和山中偶发性暴雨所形成的洪水来灌溉。在早期人口更加密集、劳力更多的时期，有可能用一些方法将洪水分流到更大范围的黄土高地上。在现存的绿洲之间有无数这样的黄土高地，而现在已经没有引水渠或自然水道到达这里了。我们在皮山和木吉之间经过的布满碎片的地区，被称为"塔提"，是支持这种假定的一个证据。然而在现有绿洲线以北无论什么距离处的古代遗址，我再仔细探寻也找不到类似的地区。这一面上相当宽的沙漠带有灌木丛生长，又定期地被"寻宝人"探访，所以这种负面证据也许具有某种价值。

这些地形学上的一般考虑加上所注意到的考古学遗迹使我相信，叶城与和田之间目前的道路与整个历史时期里一直是和田与西部地区直接而且人最多的交通线是重合的。我们拥有的最早提到此路的历史记载见于《汉书》。《汉书·西域传》说莎车距和田770里，方向是由和田先向西380里到皮山，然后向北190里到莎车。这里提到的距离与目前莎车到和田之间旅行约需8天、地图距离约192英里的事实相符，方位也同样吻合。和田到皮山绿洲（这显然对应着皮山）的方向大体是西北或西北偏西，而莎车则几乎在皮山的正西北方向。

可以假定法显与宋云都曾沿此路西行，不过他们的行纪并没有记载任何细节。法显和他的同伴据说花了25天时间到达子合国，即今叶城邻近地区——时间真是太长了，去猜测其大致原因并没有什么意义。在唐代，这条从和田向西的道路，一定曾目睹过许多像悟空那样的旅行者，汉文记载中保存了一些他们穿过和田之旅的文字。但是，我能找到的仅有的对此路本身的记载相当简短，可以在《唐书》的一段行纪中以及玄奘的叙述里找到。

沙畹先生摘出的《唐书》条目使我们可以知道，于阗（和田）与喀什噶尔之间的一些地方，以及它们之间的距离。但是，其中任何一个当地名称现在在其他资料中看来都找不到了，所以它们所指不明。我们仅来看一下纪行中与我们眼前讨论的道路相应的那一段。可以看到，从和田西行50里首先到达苇关，接着先向西再向西北行620里，通过勃野和系馆河，就到达郅支满城（又称为"碛南州"）。

沙畹先生由上述距离判断出郅支满对应着玄奘记述中的斫句迦，所以应到现在的叶城附近地区去寻找。后面给出的郅支满城与喀什噶尔之间总距离560里的数据，以及提到的郅支满西北有"苦井"和"黄渠"一事也都证实他的判断。"苦井"可能指的是叶城到波斯尕木路上、靠近提孜纳普河左岸的大片泉水形成的湿地；而"黄渠"可能指的是某条将叶尔羌河河水输到波斯尕木和莎车绿洲的大引水渠。勃野和系馆河指代什么不得而知，因为行纪中没有提到它们与和田之间的距离。至于苇关，我们的线索反而多一些。从它位于古代和田都城以西50里的位置和"关"字的含义（守卫所、边防口隘），这显然指的是和田绿洲边缘附近向西去的主要道路上的一处关口。我们也许可以把扎瓦库尔干堡垒看作它的现代样板。此堡垒位于从叶城来的路进入绿洲的地点附近，是反叛的哈比布拉短暂统治期间为了类似的防卫目的而建成的。

回过来看玄奘的叙述。我们从《大唐西域记》和玄奘的传记中得知，从斫句迦到瞿萨旦那（即和田），玄奘要向东行800里即用8天时间。《大唐西域记》并且说到"逾岭越谷"。我们已经看到，玄奘所述的斫句迦国对应目前的叶城地区（州），而它的都城应在叶城镇附近地区去寻找。玄奘所述的8天行程与他沿现在的大路所循路线行进的假定相符，地图上标出叶城与和田之间距离约155英里，我从实际经验得知，如果是带着负重的骆驼，那就不太可能轻易地用少于8天的时间走完那条路。据我们所知，玄奘的旅队载着大量写本和宗教用品，肯定需要那么长的时间来完成这段旅行。

玄奘曾提到某个地点，在那里，所有的旅人都去礼拜圣鼠，那无疑对应的是现在的库木·拉巴德·帕迪夏寺院所在地，在目前的叶城至和田路上古代和田都城以西150~160英里处。由此我们可以大致估计他的行进速度。根据我的地图上的路线，这个地点到旧都城所在地约特干24英里，而由于道路易行，除了库木·拉巴德·帕迪夏东边四五英里之内有流沙，这一段的实际步行长度不会超过30英里。玄奘提到的路上的另一地点是勃伽夷城，在古代和田都城以西300里处，他在越过王国西部边界之后到达那里，这也许对应着距约特干约56英里的皮亚勒玛绿洲。

如果《大唐西域记》中"逾岭越谷"一语翻译准确（指贝尔的英译——译者），那么它对道路性质的描述很容易得到解释。在空气足够清新的时候，克里阳、桑株和杜瓦以南的山脉以及上墨玉河积雪的主山岭部分都可从路上清楚地看到。像皮山、朱达、皮亚勒玛附近等处，山中溪流与道路交叉的地方显出宽而清晰的汛期河床，在某些地方深深地切入黄土台地。进一步向着山脚的方向，就可以看到这些溪流由之而出的山谷和它们切过砾岩层的深沟，这样看来，玄奘所说的河谷也得到了印证。

第二节　皮山绿洲

　　我离开叶城后第一天行程结束的时候，才遇到一个有考古学意义的遗址痕迹。当我接近阿古柏统治期间建于极端贫瘠的草地中间的庞大阔什兰干时，我的注意力被远方平直的地平线上呈现的一座土丘吸引住了。我的喀什噶尔向导用普通的"梯木"一词来称呼它。从阔什兰干向北东北行进约1.5英里就可以到达那里。它是土坯建造的坚固的一堆，底部周长75英尺，高30英尺。遗迹的外形表明上部最初是锥形，与"土堆是佛塔遗迹"的假定相吻合，但它过于衰败，无法作出确定的结论。土坯的尺寸似乎不十分规则，但一般而言比库尔干梯木和莫尔梯木遗迹处的要小。常见到这个孤零零的建筑的人们倾向于把它当作一座有久远历史的观察塔，相当于中国人在现代的喀什噶尔到和田的大路上大部分地方所建的隔10里（约2英里）一座的炮台。我在遗迹四周找不到任何陶器碎片或其他残迹，说明这里没有人住过。但这个遗迹与目前的交通路线和休息地很近，又表明交通路线在许多个世纪里都应该没有什么变化。

　　又经过两天在沉闷光秃的达希特上的行进，我于10月4日到达皮山。皮山绿洲是叶城到和田途中最大的绿洲。它拥有大片的黄土梯地。在这里，黄土梯地覆盖着山上冲下的贫瘠的碎石斜坡。梯地的最宽处约4英里，南北方向不间断的开垦地至少8英里长。只有一条狭窄的约2英里宽的砾石萨依狭长地带将此梯地在东南面与另一片同样广大的黄土地区分开来。那片地区上有行政上与皮山一体的摩桂拉区的村庄。

克里阳河的流水使皮山和摩桂拉绿洲的土壤变得肥沃。这条河从山脚流出到达达希特斜坡，分成了一些沟渠。这些沟渠有的是自然形成的，有的是人工开凿的。这种沟渠分散开去，形成一片三角地带。三角形的底边从西北边的却拉克兰干延伸到东南边的喀克夏勒塔提，直线距离约32英里。但这些水道的分布与重要性却很不一样。在皮山以西只有几条沟渠，它们在一年中很短的时期里所携带的有限汛期河水不足以维持达希特与沙漠的移动沙丘之间的黄土地带上规律性的垦殖需要。皮山本身从一些乌斯唐（即引水渠）中得到充足的水供应。这种供水，加上夏季从绿洲东西两面宽阔的洪水河床偶尔流下来的水，在近年里促使了绿洲东北部沙漠灌木丛地区里几个独立的居民点的形成。

摩桂拉地区不是那么易于灌溉。克里阳河分出的最东部水道中的水只够供给洪水河床以东的一小部分黄土地区。所以在这里我们发现，像阿拉麦勒、却特拉和喀克夏勒等村庄的可耕地之间还有一片片土地，这些自然的可耕黄土地因裸露而遭受侵蚀，或被细流"沙"的矮丘渐渐覆盖。我们下面会看到，这种流"沙"只要经灌溉便极为肥沃，其本身就是大部分由分解的黄土构成的。

这里概述的自然特征可使读者对我在皮山进行的古迹观察所处的环境有一个了解。乍一看，那些印象似乎是不利的，但是后来的经验表明，这些并不会影响它们的重要性。在"旅行笔记"中，我曾解释了10月5日在皮山逗留进行古迹探查的原因。在马继业先生和郭德福瑞上尉为印度政府购买的中亚古物中，1895年

图 25　叶城附近的墓地——耶提橹库木麻扎耶

以来越来越频繁地出现全部以"不知道的字母"写成的写本和"木版印刷"品，规模也越来越大。这些东西，还有欧洲收集者在喀什噶尔得到，在圣彼得堡、伦敦、巴黎可能还有其他地方出现的类似古物，应该都是在和田附近的沙埋遗址中发现的。

许多这样奇特的文本都是从和田"寻宝人"伊斯拉木·阿洪手中得到的。霍恩雷博士在《不列颠中亚古物收藏》的报告中转录了马继业先生在喀什噶尔记录下的陈述。其中，伊斯拉木·阿洪指出了他的一系列古物据以获得的发现地点。他说那是皮山与和田之间商队路线以北沙漠中的一些旧址，并详细讲述了他向那些地点"远征"所走的不同道路。已经有人怀疑这些作为"远征"结果的发现品而卖出的东西的真实性，我在喀什噶尔听到的关于伊斯拉木·阿洪的消息进一步加深了这种怀疑。不过到了皮山以后，我才第一次有可能通过直接的实地考察检验"寻宝人"的故事。

到达皮山后的那天早晨，我很容易就从召集来的伯克和于孜巴什（村庄头人）那里得到消息说，在摩桂拉到东边的相邻绿洲木吉之间道路近旁有大片被人们称为"阔纳协尔"的碎片覆盖地带。这个消息是准确的，然而没有人听说过在这里或其他地址发现过"老书"。伊斯拉木·阿洪在描述一次皮山以东沙漠旅行的详细行程时所给出的几个地点（从他的陈述看是几个重要发现的地点），村里人只知道其中的两个——喀拉库勒麻扎和喀拉塔格艾格孜，但这两个地方并不像那个说谎的旅行者所说是处于远远的大片沙地中间，而是据说就近在眼前，在皮山绿洲的外围。所以我准备立即检查"寻宝人"所声称的这一部分路线。

在"旅行笔记"中，有我前往上述地点的过程的完整描述。在这里只需说明一下，喀拉库勒麻扎（黑湖麻扎）被证明是一位不知名姓的圣者的长眠之地，其标志仅仅是通常的牦牛尾、经幡和类似的立柱。这座幽静的寺院所在的沙山呈半圆环状，位于皮山巴扎东北3英里的地方。它的名称源自近处的一个小咸水湖，其湖水来自东部塔孜贡的汛期河水。伊斯拉木·阿洪宣称的发现了一个重要写本的大片废弃墓地，踪影全无。同样，我发现伊斯拉木·阿洪叙述中出现的喀拉塔格艾格孜是皮山的一个兴旺的新居民点，仅在向西北再行3英里的地方。我沿着塔孜贡的宽阔河床来到这里。那条河现在除在皮山附近星星点点的少数泉眼出水外，几乎全部干涸。经我仔细询问，喀拉塔格艾格孜的人对伊斯拉木·阿洪宣称的在东边沙漠中访问过的遗址毫不知情，更不知道在那里有什么发现。

据说，只是从我去那里之前约15年的样子喀拉塔格艾格孜及其他一些沿汛期河床的绿洲才开始得到开垦。灌溉除了使用汛期河水，还依靠"塔孜贡"深陷的、宽阔的河床上几处泉水。土壤里现在长着茁壮的庄稼，部分地方被繁茂的白杨、桑树和其他树木组成的树林覆盖着，土壤性质似乎与小绿洲之外急流的河床边堆起的各种高度的裸露沙丘和小丘中的细"沙"并无不同。这是一个惊人的例证，表明灌溉能够轻易地将荒地转化成富产的农田。

在前往喀拉库勒麻扎的路上，有人带我看了皮山巴扎东南仅约1.5英里处的阿萨小村。那里20~30英尺高的沙丘正从北面侵来，渐渐地盖过村民的土地。我很后悔当时甚至没想到要留下这些"沙"的样品以做显微检查。不过所有的地形学推断都指向这样一个结论，即这些毁灭性的沙丘中的沙子与环绕延展于绿洲北缘、被证明只要得到有效灌溉就非常肥沃的"沙子"是同一种。我那天在皮山周围进行的观察得到了后来其他绿洲处观察的证实。它们表明，开垦地在一面的延伸可能同时伴随着沙丘在另一面向着可耕地的进逼。在这种绿洲与沙漠间经常不断的斗争中，居住者迁移是否方便——不仅取决于人类活动，也同样取决于自然水平和可使用水源——构成了决定性的因素。

喀拉塔格艾格孜新开垦地带的景象和沿汛期水渠向北延伸相当距离的灌木林带的存在自然使人忍不住要问，是否有可能在那个方向上寻找到旧居民点的遗迹。但我从开垦者和当地头人那里得到的所有信息都是否定的。我倾向于接受这一说法，因为它与迪亚斯上尉在一次奇怪的探险中获得的经验相吻合，有关他的全部故事我是后来才听到的。

当伊斯拉木·阿洪在1898年早些时候向马继业先生讲述我上面提到的旅行路线并出示一些重要发现的时候，看来迪亚斯上尉也在旁边。他颇受诱惑，向那位"寻宝人"建议去探访一个叙述中的皮山以远的古代遗址。尽管伊斯拉木·阿洪并没有去过那样的地方，但如果他拒绝当向导，就会使人怀疑他的故事的真实性，并因此在欧洲搜求者中毁掉他的发现品的市场。所以这个骗子就不得不于1898年4月违心地由皮山向沙漠进发了。他还吸收了另外两名对古迹和他懂得一样少的当地"向导"。他领着这一行人向喀拉塔格艾格孜北面的沙漠中疲倦地走了两天。在沙地丛林地带和更远的沙丘之间当然没有发现任何东西。当随身携带的水所剩无几时，伊斯拉木·阿洪觉得最安全的办法就是趁夜逃回和田。

在上面的探索询问的基础上，可以假定，皮山附近地区除摩桂拉以远的那些地区之外，不存在其他现在还能见到的古遗迹。这个否定性的结论与皮山绿洲自很早时期起就已被开垦的看法非常吻合。后面讨论和田绿洲时将要仔细记录下的观察可以证明，在昆仑山与塔克拉玛干之间大部分地区所处的自然环境之下，一片在许多个世纪里一直处于灌溉中的土地，一定会被持续增加的淤泥和黄土尘埃的堆积所覆盖。上面覆盖的沉积物的迅速增加会有效地掩盖所有的古代遗迹，以至于除非是土壤中出现深沟或风蚀的力量长期持续地剥离，否则没有什么能够使它们显露出来。约特干的文化地层令人信服地证明了这一点。

在现在的皮山垦区，将其北面周围地带全部围住的流"沙"[1]正在日益积累，上面提到的可能将古迹暴露出来的两种因素都不存在，所以我认为，在绿洲之内或之外边缘地带上没有任何考古

---

[1] 我在这里及以后用到的"沙"一词并不专指它的地理学定义，即构成沙丘的物质。

发现，并不表明此地古代不曾住人。

皮山和摩桂拉及木吉一道应该被假定为《汉书·西域传》记载的皮山王国的一部分。《汉书》中说皮山位于和田到莎车的半路上，与二者各距380里。人口估计为3 500人，表明此地区不大。《汉书·西域传》中说印度在南边与之毗连，明显指的是喀拉库鲁木路——此路可由皮山向正南经克里阳或桑株而到达。《唐书》中说皮山是被和田王国并吞的一个小国。

别人替我向皮山人所做的古物调查看来没有结果，尽管采取了不少措施，如声明对任何可以接受的物件都将慷慨出资购买，当地政府也对此表示明显关切。我在叶城买到的据称发现于皮山附近的中国样式的八边形小铜印，由于时间和出处都不确定，所以无论如何也不能当作可靠证据，因为它是从巴扎的渠道上来的。

第三节 喀克夏勒的塔提

10月6日早晨，我开始下一段大路启程赴木吉。因我的皮山消息人曾说在路上就能看到阔纳协尔遗存，我为此兴致勃勃。我们从皮山绿洲南部的林荫小道出来，穿过约3英里宽的石头的达希特之后，在现已完全干涸、前一天我曾一直循之下到喀拉塔格孜艾格孜的宽阔河床的右岸，见到了第一个阔纳协尔。在与路交叉的地方，右岸在汛期河道的沙地底部之上高出约20英尺，地面上相当长的距离内厚厚地散布着粗糙的红色陶器小碎片。虽然没有发现带装饰的碎片，但这些极为坚硬、偶有精细条纹的陶器碎片，看起来属于一个久远的时期。能够找到这些散落碎片的地带并不宽，在河岸到无疑是分解黄土构成的软沙土开垦地带之间延伸。在道路的南面，散落着陶器碎片的地面很快就消失在低矮的细沙堆之下。而在北面，地表面并无沙堆，碎片区沿河岸一直延伸到很远的地方——据我的当地消息人报告说有两三英里。同样很明显的是，西面的原有地面一定曾被河床中的汛期河水冲走了许多。河水现在正在东边发生作用，持续地切陷进右岸，因此碎陶片覆盖地区的范围标志着一个人口密集的大定居区的位置。

我想在那个地方发现其他一些遗迹，但结果是徒劳无获，只找到一片一片的散落的陶器碎片。不管在哪个地方检查这些碎片，我总是能发现它们在光秃秃的黄土上，黄土之下没有墙垣或任何其他实质性遗迹的痕迹。通常在东一处西一处，高于周围地面、相对较硬的小土岸顶上碎片堆积最厚。而这种小的土岸也是由黄土构成，只是表面分化得尤其厉害。这些黄土的侧面，就像被侵蚀的河岸陡坡，在许多地方非常陡直因而容易检查。但是任何暴露出来的地层部分都找不到陶器或其他遗迹，这就使得土岸表面的大量陶器碎片显得更加令人好奇，我从一开始就感到很迷惑。直到后来我在其他地方观察到相似的情况之后才找到了答案。因此这方面的讨论我将放在下面讲到一个更大更重要的遗址的时候进行。

在上面描述的碎片区紧靠东南面、却特拉小村附近，道路就遇到了构成摩桂拉绿洲的狭长开垦带。此地带在这里宽仅约1英里，但是所有情况都表明，只要有更多的水来满足灌溉的需要，耕地就能在向东大大延展。过了耕地之后，道路在有矮树的草原上又延伸2英里。这一地区有松软的黄土，车一碾就变成细小的尘土。这样的天然良田最近一片片地用于耕作了，尤其是那片孤立的、被形象地称为"英阿里克"（新渠）的可耕地的周围地区。就是在这个地点，我第一次在东北方向1.5英里处看见了被我的皮山向导称为"托帕梯木"的古代砖土堆。"梯木"一名立刻使人联想到一座佛塔，所以我急忙向那里赶去。第一次的尝试失败了，因为根据向导的建议，我要在英阿里克之上的某处穿过苏尕孜亚尔的深深切陷的汛期河床，然后沿之向北。可是这条河床不久就变成了如峡谷一般的深沟，当我们终于与那座土丘遥遥相对的时候，那条深沟却把我们和对面岸上的土丘完全分开了。

一旦我在路的附近穿过那条深沟，沿着左岸经过英阿里克的田野接近土丘的时候，就能很容易看到，托帕梯木（土墩）保持着古代佛塔的所有特征。显然，由于空气的原因，佛塔表面坚固的土坯结构已经遭到严重毁损，只在西北面能够清楚地找到底座的几层轮廓。在这面及遗迹更加残破的部分进行的仔细测量使我复原出了它的平面图（图26）。从图中可以看出，这个建筑的一般安排和尺寸在许多方面都与莫尔梯木佛塔相似。底座是依次错后的三层，不过最下面的一层现在仅仅成了一堆分化的碎片堆，在目

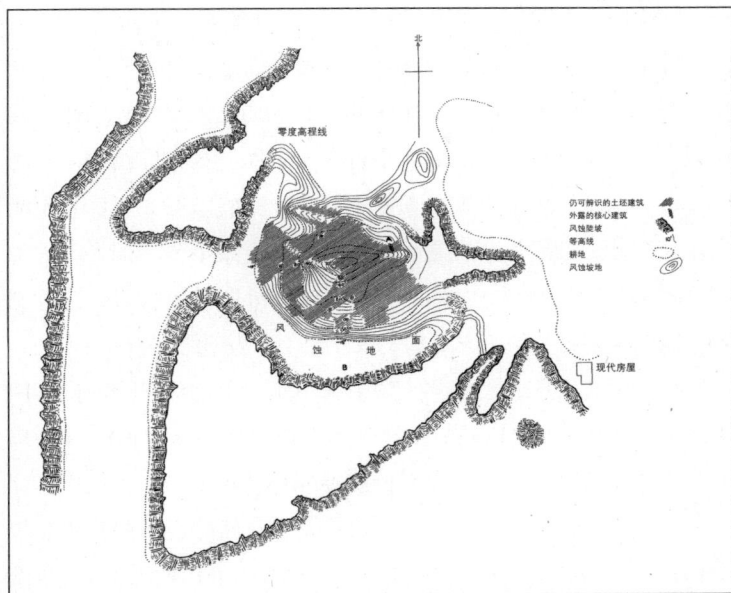

图 26　喀什噶尔库尔干梯木佛塔遗址平面图

前的周围地表水平面上高出 5 英尺。这一部分的尺寸和形状只能
猜测性地还原。在它之上是第二层，正方形，边长 41 英尺，高 5
英尺。其上是同样高度的圆形或鼓状的一层，直径 35 英尺。在这
之上是一个穹顶，现存高度 14.5 英尺。由于穹顶的直径是 29 英尺，
如果它的高度最初也是如此，那穹顶的形状就是一个精确的半球

形，不过因为上部毁坏得很厉害，这个结论很值得怀疑。

现存结构在目前的地面水平上的整个高度是29.5英尺，与其正方形底座的最大尺度即47英尺相比，垂直与水平尺寸的比例就比在莫尔梯木佛塔测量到的要小得多。然而，应该注意到，因为我没有时间和民工来对佛塔周围进行试验性的发掘，所以并不能确定周围地面的原始高度是否比目前的高度低很多。如果淤泥的积累覆盖了周围地面，如库尔干梯木佛塔处所发生的那样，我们就应该认为有另一层正方形底座被掩藏于地表面之下。

尽管没有发掘，但整体上说来我不倾向于这种假定。佛塔周围200~300码距离内以及向东直到与上面提到的深沟相距约70码处，地面上都散布着看来很旧的陶器碎片和石头碎片。把这些碎片认为是古代不那么坚固的居住建筑是很自然的。这些建筑在佛塔仍被崇拜的时期建在它的周围。从我们讨论库尔干梯木时所做的观察判断，只有长期持续的灌溉能够导致淤泥的大量积累并因此抬高地面。如果是这种情况，我们就应该预期这些碎片在很久以前即已被耕作土壤层埋到了我们看不见的地方。

不过另一方面，我们确定佛塔的年代不会晚于公元10世纪末伊斯兰进入此地区前夕，要假定从那时起土壤地平面就保持不变也不是没有问题的。附近毗连的喀克夏勒塔提遗址提供了惊人的证据，证明这一地区受到风蚀的巨大影响，那么佛塔周围的土地既然没有因耕种而得到保护，又怎能在9个世纪的时间里没有发生相当程度的降低？要理解这一点似乎也很困难。后面讨论安迪尔遗址时我们会看到，自从那个地点于公元8世纪早期被废弃以后，风的侵蚀作用曾如此有效地降低了当地佛塔周围未受保护的地面，因而致使它比现存遗迹底座所标志的原始水平面低了约10英尺。当然，安迪尔与这里在沙漠中距离如此遥远，影响沙漠中风的频率、方向和强度的两处气候条件现在已极为不同，在过去的时期也许更加如此。但是有必要提一下，要说土坯结构外表面受侵蚀而毁坏的效果，安迪尔处的佛塔并不比托帕梯木的这一个更严重。

　　看来需要对所有当地状况进行更加系统的研究，而我匆匆的行程并不允许。也许还要再加上对这一地区进行长时期的气象观测，才能有把握地回答这个半地质半考古的问题。同时我想提出一种假定：托帕梯木周围的土壤也许曾经受到沙丘的保护从而免受侵蚀——这些沙丘在数个世纪里覆盖着那片土壤，不过后来向北退去了。应该留意这种可能性。这个假定至少能够解释佛塔的西北面得到了最好的保护这样一个事实。众所周知，塔克拉玛干西部的半月形沙丘与占优势的风向相应，大多数都呈现出从东北向西南的移动线。很明显，这些沙丘如果遇上了建筑形式的障碍物，沙就会积累起来，在建筑的西北面积累最高，从而使那一面比其他部分得到更好的保护。

　　像所有其他佛塔一样，托帕梯木一定曾在某时吸引过"寻宝人"的注意力，但在土丘顶部进行的挖掘并没有超过7英尺。在其他佛塔遗迹中我曾检查过的位于穹顶中心线的方形空洞和小室，在这里却全然找不到踪迹，不过这有可能是因为穹顶衰败，以及上面提到的挖掘所致。由于佛塔表面受到气候的影响，所以无法找到一度也许覆盖着这个结构的灰泥层。此外，我也无法确定结构中所使用的土坯的尺寸，因为这要对建筑结构进行切凿，而那只会引起别的寻找更实际的东西的人对这个结构进行更进一步的破坏性挖掘。

我第一次去尝试接近托帕梯木的时候注意到，在苏尔孜亚尔的右岸上有一片比摩桂拉西边看见的范围更大的碎片散落区。它一直延伸到大路的北边，看来覆盖了3平方英里或更大的地方。在道路的南边和深沟的东面约2英里处，碎片就消失在沙漠入侵而形成的低矮的流沙沙丘之下了。我到达那个地方的时间太晚了，所以不能确定这块碎片区在北面的界限。我的向导称这里为喀克夏勒的塔提。"喀克夏勒"是摩桂拉绿洲上离此地最近的村庄的名称。

古代居住的遗迹是如此之多，即使是最漫不经心地走过此处的旅行者都能认出。这些遗迹散落在大小深浅不一的地片中。除了包含各类的陶器碎片，它们还包括小片的石头、烧过的砖头、熔渣、断裂的骨头、腐蚀得很厉害的金属碎渣和同样坚硬的废弃物。陶器碎片无一例外都非常坚硬，但一般来说纹理粗糙，绝大部分呈红色，堆积较厚时就使整个地面闪着红色，但黑色陶器的碎片也不少。显示出装饰痕迹或显出它们原来所属的器物形状的碎片极少。所有的碎片表面都特别粗糙，看来似乎已经被磨过了——正是此地的侵蚀作用的明显痕迹。骨头的碎片在许多地方出现，明显是动物的，正如在现在新疆村庄的许多垃圾堆中能够发现的一样。我的人辨认出被磨蚀得很厉害的一块是羊的髀石，像今天一样，它也许曾用作骰子的替代品。

熔渣只出现在特别的几个地方，其中最突出的是在普通地面上高出约15英尺的一片黄土垣，离深沟不远。在那里，相当数量的熔渣散布在表面上，在熔解的矿石、半烧过的砖头和明显包含着铁矿石的碎渣之间。在这些废弃物中，还能够找到木炭碎片。这显然标志着一度存在的熔炉的位置。

比这些稀少的遗迹更有趣而在一开始确实更令人迷惑的是这些遗迹周围的状况，不过我后来曾有机会在相似的古遗址上一次又一次地观察到过同样的情况。那些古遗址是我后来在和田地区目前开垦地带边缘以外的无数地点找到的。它们也都被当地人通称为"塔提"。因为重新观察到了同样的特征，而对保护得远为完好的遗址进行的探索又提供了经验，我渐渐形成了一个有说服力的解释。

像在所有其他塔提处观察到的一样，喀克夏勒塔提最突出的特征是，这些碎片是在自然的黄土而非任何其他东西之上。黄土或是坚硬的，或多多少少分解为灰尘状，或是极细的"沙子"。有种情况一直都很容易确定，那就是在土下既不存在墙也没有其他任何种类的建筑遗迹；因为在塔提的普通地平面之上此一处彼一处升起的、其上常常有最厚的碎片层的那些小的孤立黄土台地或河岸，总是在它们裸露的侧面不变地显出完全自然的泥土形态，而没有任何古代存放物或明显的地层的痕迹。在喀克夏勒塔提，这种顶部平坦的台地最高的在周围满是尘土的低陷处之上耸起约15英尺，不过大多数的平均高度在8~12英尺。

至于这些台地的形成，如同这些遗址的所有其他特征一样，都不可能看不出是春夏季极为频繁、扫过沙漠及其边缘地带的强风和沙暴的强大侵蚀作用的证明。所有到过新疆的旅行者都谈到过这种沙漠风暴的强大力量。尽管我并没有在这一沙漠地区待到三四月份之后，但如同我的"旅行笔记"中写到的，我的确有很多机会实际地体会了沙暴的猛烈。只有上面描述的那些材料才会因它们的硬度和重量存留下来，当下面的土壤被侵蚀得越来越厉害，它们便越来越沉积下来；而新疆房屋建筑中的泥墙、木料等形状的东西都在很久以前衰败并被风刮走了。即使是陶器碎片和其他耐毁蚀的碎片，也带着明显的暴露于一次次卷土重来的进攻之下的痕迹：它们尺寸很小，表面粗糙。

很明显，这些建于易分化的黄土上的旧居民点上自从被废弃以后，许多个世纪的侵蚀过程一定会导致地面的相当程度的降低。但是在一整片地区，侵蚀从来不会均匀地进行，我们上面提到的黄土台地就是一个证据。这些黄土台地升起在塔提的分解较多的部分之上，如同一块块高地或一座座小岛。它们相对来说较受保护也许是由于一些特殊的特征，例如，覆盖着它们的碎片通常密度较大，或它们一度被现已完全消失的建筑所占据——那些建筑的坍塌废迹的重量曾有效地遮蔽过下面的土壤。在后面还要看到，我们发现，尼雅河遗址的木材和灰泥建筑的遗迹几乎总是占据着这样的台地，而它们周围的低陷部分则是由侵蚀作用而形成的。不管我们把塔提中保持的黄土台地归结于什么样的具体原因或原因组合，可以肯定的是，它们标示着原始的地平面，因此对古迹学家和地质学家同样有意义。看来可以用常见的地质术语"见证者"一词来合适地称呼它们。

当然，如果我们在这些黄土台地之上，或者旁边，能找到任何可近似观测的考古遗迹，它们就拥有了特殊的价值，因为这种遗迹显然标记着造成现在看到的旁边低陷部分的侵蚀作用所开始的时间上限。在真正的塔提上这种可观测的遗迹必定很罕见，因为它们通常在一直有人居住的地区所容易到达的地方，因而便一直更多地暴露于人力的毁坏之下。

我在达玛沟附近一个现代的被弃村落所做的观察可以作为一个典型例子，表明村落在被废弃后，会多么快就失去任何有价值的或能够作为建筑材料及燃料的东西。在新疆的房屋建筑中，木材一直起着重要作用。很容易就可以看出，房屋被弃后木材早早就被抽走，因而所有普通的住宅在很短时间内变成了坍塌的泥堆。"寻宝人"的职业在和田附近似乎一直兴旺。这些人的定期造访不仅毁坏了所有可以毁坏的材料，而且还渐渐搬走任何一点有价值的小东西，如钱币、金属装饰和切削过的石头等。这些东西曾被有意或无意地埋在地下，因其材质坚硬而免于分解或被腐蚀。

其他古代物品如文书、简牍、灰泥雕塑、木刻等也许曾经属于那被弃居住地的东西，以前到塔提来"寻宝"的人当然不会留意的，现在对我们变成了确定这些地点考古年代的最有价值的东西。但是我们已经看到，这里的自然条件绝对排除了这种遗迹存留下来的可能性。古代陶器的碎片的确大量地散落在所有塔提的地上，但根据我们现有的知识，还做不到对这些陶器碎片进行适当分类，以确定特别的类型、材料等之间的年代关系。即便是对流沙或淤泥堆积所保护的较完好遗址中的古代陶器的仔细检查取得进展之后，对于塔提的陶器碎片进行适当分类仍有特殊困难，因为碎片太小，而且本来就极罕见的带装饰的碎片表面又经过了上面所说的磨损。

所以，能够提供线索以确定塔提遗迹年代的仅有古物就是钱币、切削的石头和小件的金属物。不幸的是，我在摩桂拉两边的塔提都没有获得这样的物品。也许因为它们位于一个大路上并且靠近人口较多的村庄，这就加速了地面上也许一度存在过的少量遗迹的消失。由于缺乏可靠证据，例如古钱币，我对这里一度存在的居住区被遗弃的年代不能表达任何确定的意见，然而从喀克夏勒塔提地表面侵蚀程度达15英尺深——如"见证者"所示——来看，这个地方很有可能具有相当久远的历史。此外，我见到的唯一一个有证据表明侵蚀得同样深的是尼雅河遗址，在公元3世纪后半叶被弃。但是如同我们已经说明过的，在距离如此远的遗址之间，造成侵蚀的气候条件也许相差很大，而我们又没有办法追寻在过去的许多个世纪里这些气候条件的变化。在苏尕孜亚尔的另一边，托帕梯木佛塔的周边地区也表示出喀克夏勒塔提遗存应是伊斯兰时期以前的。

我们没有明确的线索来确定喀克夏勒塔提从一个被开垦的、人口密集的居住地变成荒地的年代，所以想要形成关于其被弃原因的任何确定性意见都没什么用处。料想这种变化当是由于失去灌溉所需的供水。但是失去供水可能是由于政治上的动荡减少了人口，或者干扰了引水渠的系统维护，也可能是影响水源的自然条件发生了某些变化。不过从苏尕孜亚尔每年携来大量汛期河水判断，再加上它引人注目的深陷河床和村民的陈述所给出的证明来判断，要相信历史时期内有什么自然原因阻止了克里阳河水来到喀克夏勒塔提看来很难。不管这种推测怎么样，重要的是应该指出，这个废弃地区是沿着实际的大路延伸的，因此它的久远性就提供了进一步的证据，证明此路所循路线已有很长的历史。

第四节 木吉的古代遗存

离开喀克夏勒塔提，我们就离开了克里阳河三角洲的最东端。然后，道路就进入了沙漠地带，先是经过一些矮的沙丘，之后是在锥形小沙山之间穿行，沙山上覆盖着柽柳（即红柳——译者）。大约走过5英里之后到却达村，从此进入桑株河灌溉的一串绿洲的边缘。这些绿洲中最大的叫木吉，其上从北向南散落着一些小村庄，村与村之间隔着大片因没有灌溉而荒秃的黄土地带。从斯文·赫定博士的叙述中我就已知道，在木吉的巴扎所在的那个中央村落以北有一个古遗址，所以我就安排于10月7日在那里停留。到达后的那天早晨，当地的伯克和村里的头人们就给我拿来了整袋整袋伊斯兰时期的旧铜币，还有一些金属封印、青铜装饰物等，据说就是在被他们叫作托古加依的上述古遗址处找到的。

那个地方位于皮山巴扎以北约0.75英里处。我在前往那里的过程中，发现一片约有0.25平方英里的裸露黄土地，上面布满一道道汛期河床的宽阔河道。在因此而形成的岸上，覆盖着陶器碎片。在土壤没有被洪水的作用冲开的地方，只有很少一些陶器碎片露在地表；而水流冲过的黄土岸上，坡上就厚厚地布满了各种陶器碎片、小玻璃片、小石片和类似的碎片。我检查了好几个侧面或多或少垂直暴露出来的黄土岸，在其中发现了陶器碎片和动物骨头以及层层的灰烬和木炭。它们埋在目前的地表之下3~5英尺处。从同样深度的地层中还能够冲出许多钱币，前面我看到的那些钱币就是从这里来的。它们通常是在春季和夏初的洪水流过之后，在主要洪水渠道宽阔的岩石河床（一般称为"萨依"）中捡到的。成排的小洞表明，上一个洪水季节所冲出的碎物已经被"寻宝人"搜索和冲洗过了。也是在那里，我收集到五六枚与前面带给我看的同样类型的薄铜币，是我雇来寻找带装饰的陶器片等物品的村民找到的。

图27 在托古加依发现的钱币

这些钱币和我在此处购买的大量钱币都属于至今不能确认的一位穆斯林统治者。他在钱币的背面自称苏莱曼可汗。我们对这位国王所处的时代或谱系并无所知，所以确定这些钱币的种类和标准能为我们的考古调查提供什么线索这件事就得留给钱币学家去做了。图27显示的钱币样品代表着我在木吉获得的分成两类的90枚钱币。这些钱币在托古加依如此丰富当然很引人注目，尤其因为它们在其他地方很罕见。在和田出售的、大部分来自约特干的许多各类钱币组合中，我也没见到过6枚以上的苏莱曼可汗钱币，而就是那几枚也一定是得自木吉。除了这些钱币，我在木吉购买的收藏品还包括唐肃宗皇帝乾元年间（公元758—760年）发行的23枚铜币和少量不能明确认定的伊斯兰时期的铜币。这些铜币很有可能也是来自托古加依。

这些钱币的发现所提供的证据使我们可以肯定地认为，托古加依遗迹所属的定居区在进入伊斯兰时期依然繁荣。冲出陶器碎片和其他碎片的地层与约特干的文化地层特征极为相似。与约特干的文化地层一样，托古加依的地层无疑是因垃圾的积累而渐渐形成的。但是托古加依地层较浅，没有更早时期的钱币发现，表明这个地方被占据的时期，或至少是遗迹向我们所表明的时期，不会早于伊斯兰时期之前几个世纪。另一方面，从覆盖着这一层的土壤堆积中，我们能够得到此地有人居住的年代的下限。我后来在约特干的观察表明，文化地层上的土壤沉积，应归因于地面停止作为居住地之后土壤被长期灌溉的结果。在村民们的记忆中，这片地区什么也没有，只是一片荒野。似乎有证据表明，在这个较晚的时期里，它的表面事实上曾被侵蚀。把此地的目前状况和碎片层上覆盖的淤泥堆积结合起来看，我们就得到结论：即使是碎片区中最晚的部分，也已经在土壤中间存留了相当长的时期，也许不少于5个世纪。

如果能确定此地层的哪怕只是近似的时间上限与下限，也是很有意义的，因为那可以帮助我们对极为多样，而令人好奇的此地出土陶器样品进行分类。和陶器一起还有其他小片的玻璃和金属出土。上釉的陶器碎片需要特别引起注意，因为它们有较好的工艺和艺术性的色彩。我以前发掘的更早时期的遗址都没有这种上釉的器物，因此也许可以问这样一个问题：在伊斯兰时期开始以前，塔里木盆地的人知道上釉工艺并在某种程度上加以运用吗？另一方面，有一些不上釉的陶器片，其装饰显出是公元3世纪的尼雅河遗址处所能看到的木刻的主题的延续，因此可以一直追溯到希腊—佛教艺术。

和在约特干一样，我对那里地面之下完全没有任何建筑遗存的痕迹感到吃惊。但是我们下面要看到的，灌溉及伴随而生的渗透对土坯、灰泥和木料这些塔里木盆地仅有的建筑材料所起的腐蚀作用，可以很容易地解释这一现象。约特干遗迹的状况与托古加依的还存在另一个联系。古代和田都城遗址的发现是由偶然形成的深沟将深埋的文化地层暴露出来而导致的，托古加依也是一样。如果不是由于汛期河水所冲出的河道，那么这里的古老而更令人感兴趣的碎片很有可能还在被掩藏着。

我从托古加依穿过一片部分被轻流沙即黄土尘埃覆盖的荒地，来到木吉巴扎东北约1.5英里处被称为"阿萨"的古代墓地。斯文·赫定博士曾特别留意过这个遗址。他注意到，这些坟墓是穆斯林的。我检查了一个低矮、有人骨架从其侧面伸出来的大土丘，发现其中有紧凑地排成行的坟墓。这些坟墓内面衬着泥砖，上面盖着木板。打开其中一座坟墓后，我在里面发现了缠在粗糙棉材料中的一具小孩的遗骸。这种材料被称为"哈慕"，在整个新疆地区都很常见。小孩的头转向西面，与穆斯林习俗相符。他的脚被一根带子捆缚起来。我的突厥仆人肯定地表示，这种方式至今还在沿用。这个墓地无疑是用来埋葬正统穆斯林的。

有两个观察证据表明，这个墓地很可能相当古老，大约与托古加依遗迹同时期。从一个部分暴露的坟墓中，我的东干人翻译尼亚孜阿洪捡到一个代表飞鸟的小黄铜装饰品。这个装饰品恰与搜索托古加依碎片时拿给我的一个非常相似。经过询问，我发现现在那里的人仍然习惯在他们亲属的墓中放入这一类的小物品。

另一点观察涉及埋葬这些古墓的土堆的外形。这个观察也很有意思，但直到在别的地方获得了更多的经验之后，我才开始对它感到吃惊。据我的观察，这些坟墓总是占据着低矮的土丘，与前面描述的喀克夏勒塔提的黄土岸即"见证者"不无相似处，只是一般来说更大，形状更圆。最接近土丘边缘的坟墓中的东西一般来说都暴露了出来，这表明土丘受到了侵蚀。土丘之间的地面表面上是松软的分解黄土，到处散布着旧陶器的碎片，但这层分解黄土并不厚，因此它与塔提上标志着地面最大侵蚀程度的低陷部分之上覆盖着的黄土尘很相似。容纳坟墓的土丘比周围地面高出并不多，也许从未超出10英尺。

将我的笔记与我对这个墓地的回忆相比较，可得出这样的结论：土丘实际上是原始地表的一部分，因为其中坟墓密集而阻止了此处的土壤像周围其他地方一样被侵蚀。我在阿萨最显眼的土丘东面约0.5英里处的一座小寺院凯派克乌鲁克麻扎的所见证实了这个结论。那座寺院有一些旗杆和旗子，这些旗杆和旗子在一座小而边界鲜明的黄土垣上竖起，因而被认为标志着此处是一位圣

图 28　木吉附近的凯派克乌鲁克麻扎

者的埋葬之地。我拍摄的这座麻扎的照片（图28）非常明显地呈现出风蚀在黄土垣侧面所造成的影响。黄土垣在周围地平面上升起约10英尺，它之所以能保存下来显然是由于上面的坟墓。有不少衰败的木料从上部的斜坡中伸出，可能属于被侵蚀削去的坟墓。

流沙形成的低矮沙丘现在在北面和东北面围绕着阿萨，为那个令人悲哀的景象提供了合适的背景。但没有证据表明托古加依遗址（这处墓地也许就埋葬着它的居民）是由于受到沙漠侵袭而被废弃的。托古加依以北在今天仍有成片的耕地，而那里定期的洪水侵袭也表明灌溉并不是不可能的。次年5月我回程途中再经过木吉时，看到大量足以使土壤繁育作物的水在一些河床中白白流失。我在木吉那一片片分立的开垦区中得到的印象是，目前绿洲上约有500户但也许要少得多的人口无论怎么说都没有完全利用可用的水和耕地。

第五节　从木吉到和田绿洲

继续行进了约14英里，经过比较容易走的、大部生长着低矮灌木的石萨依，我就来到了藏桂这片肥沃的小绿洲。根据我得到的消息，这里村子的土地被分成四大块，每年轮流耕种，而这样做的原因据说是可使用的引水渠中水供应不足。然而藏桂以西三四英里的地方就有两条很大的洪水河床通过，而在那周围实际上并无耕种。从斯文·赫定博士的记述看，村民们确实痛感到水的流失。然而，尽管他们试图努力调整蓄水，却拿凶猛的洪水没有办法。在这里同样很明显，如果有更积极的管理，更密集的人口，很快就能找到增加绿洲出产的方法。

在中心村庄西北约2英里处，当地人指给我看的一处叫作库勒兰干（湖岸驿站）的旧址表明，这里在以前的时代曾有过更大范围的开垦耕种。在那个地方我发现，陶器碎片散落在开垦地边缘附近约0.5平方英里的地面上。但其中我却找不到带装饰的碎片，也没有任何鲜明的侵蚀证据。在地上和地下的碎片中，有大量的骨头、灰烬层和木炭，所以人们认为这里的土壤很有肥料价值，大量的泥土被挖走，形成了无数的坑。在其中一个坑中，我发现了腐败弃物和灰烬的地层，在表面之下深入有6英尺。在此地点的北端，比现已干涸的一处水道高很多的地方是两个被圆形的泥"带"围起来的干涸水塘，大的一个直径约60码。据说这里偶尔能捡到旧铜币，但我一个也没找到。陶器碎片尽管几乎从未受侵蚀影响，但看来很粗糙。我对库勒兰干的一般印象是，这是一个在并不久远的时期被放弃的村庄遗址。

从藏桂往和田方向去经过的下一片绿洲是皮亚勒玛。从藏桂往那里走，要穿过整体上显出真正沙漠特征的地带。离开垦地区边缘约2英里距离处，粗糙的流沙形成的矮丘就开始覆盖住裸露的黄土，再向东南方向更远一些地面就成了硬的卵石萨依。在离藏桂中心约6英里被称为"克孜勒唐木"（红墙）的地点，我发现有一小块地上厚厚地散布着旧陶器的碎片。碎片呈鲜红色，很坚硬，但完全没有装饰。周围的流沙下面覆盖的碎片也许还更多。附近是一条河的干涸河床，这条河也许偶尔从杜瓦的外围山上带下一些汛期河水。

在木吉时我就听说了一座被称为"喀拉科尔梯木"（黑顶土墩）

的废弃砖石堆（图29），在前往皮亚勒玛的路侧面不远的地方。在离藏桂约13英里的一处孤立存在的旅客休息处萨依兰干——那里的用水只能从一口深井中汲取——我们离开了大路，向东偏北的方向走约2英里，穿过粗糙沙子的大沙丘，就来到了那个土堆。它看上去是一个坚固的土坯堆，表面严重剥落，但从尺寸和比例上判断仍是一座佛塔的遗迹。建筑的相当部分都已被毁去，尤其是南面。其他部分的轮廓则埋在剥落碎片的深堆中。我们用平面图的方法对这座土丘进行了仔细的勘察（图30），发现它的底部是一个约65英尺的正方形。但附近的一座高沙丘的沙子堆到了北面和西面，而其他面上又是被碎片覆盖而成的斜坡，这个结构的底部接触土壤部分的实际轮廓就无法以绝对的清晰度还原出来。高一些的地方，轮廓变得更加不规则，如图30中看到的那样。尽管如此，从自西面拍摄的照片中（图29）可以看到，土堆的轮廓仍然隐约显出它的穹顶应该曾经是建在一个正方形的底座上。土堆最高处比看来是原始地面的平面高出约22英尺。顶部现在构成一个伸长的小平台。这表明最初上部结构的相当部分已经剥落。这一点以及它整体上的衰败都与库尔干梯木和克孜勒德拜非常相似。由于所砌的砖石大量掉落，我怀疑即使将碎片广泛清理，也无法测量出底座和穹顶等几层的大致准确的高度。

　　土堆有多处露出土坯，看来是相当均匀的边长16英寸的正方形，厚3.5~4英寸。这个尺寸与前面所说的莫尔梯木佛塔的土坯尺寸一样。土堆西北面保存稍好，很有可能是由于我们讨论托帕梯木遗迹时说过的同样的原因造成的，即由于那一面最多地暴露于主风向因而造成沙的积累。在南面，坚固的砌造结构的遗迹之间有一条很大的充满碎物的沟（图30），是由于发掘还是自然衰败形成的，我无法回答。我要指出一个特殊的特征，即我注意到在西南角附近、地面之上约5英尺处，砖石结构规则地嵌入了由水流

图 29　皮亚勒玛附近喀拉科尔梯木的毁损砖石堆

冲出的那种巨大圆石垒成的一层。遗迹坐落于坚硬的砾石上，这只有在南面和东面才能看到，其他地方粗糙的流沙覆盖了地面。紧靠西面和北面，流沙堆积成很长的沙丘串，高约15英尺。这些沙子不能用于耕种，与远处的皮亚勒玛绿洲的一线暗色树林形成强烈的对比。土丘东面的地面没有沙子，散落着小陶器碎片。土

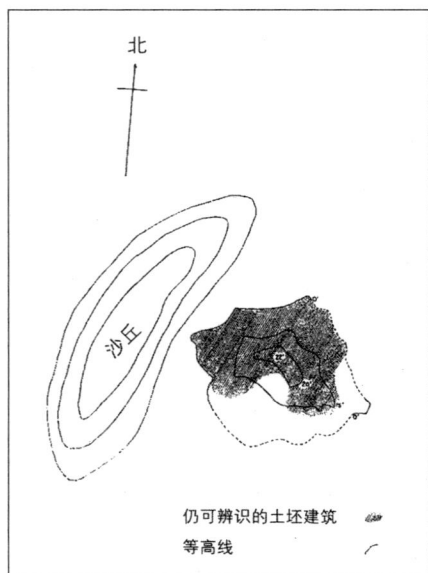

北

沙丘

仍可辨识的土坯建筑

等高线

图30　皮亚勒玛喀拉科尔梯木平面图

丘范围不大，碎片没有装饰过。

从喀拉科尔梯木到皮亚勒玛绿洲西缘需要往东南方向走约6英里长的一段路程。我在这段路上任何地方都找不出耕种的旧痕新迹。考虑到土壤的性质是硬卵石的达希特，靠近绿洲西面杜瓦河的汛期河床，很难相信这里曾经有过任何垦殖，这就使毁损佛塔所占的隔绝的位置显得尤其令人好奇，在它附近也无法找到其他任何遗迹。皮亚勒玛本身只是一片小绿洲，据我得到的消息只有约100户人家。绿洲的水源依赖于杜瓦山上流下来的一条河流。因为其流域内几乎不包含任何有永久冰川的山岭，所以可用于灌溉的水供应就很不稳定，经常很少。

皮亚勒玛是到达和田西边界之前途经的最后一片绿洲。现在的叶城与和田之间的行政区划由皮亚勒玛绿洲边缘数英里处路上的两根半衰败的柱子来标识。在玄奘的时代，皮亚勒玛本身一定是被归在和田地界之内的。因为根据《大唐大慈恩寺三藏法师传》，几乎毫无疑问，他进入和田边境之后第一处到达并停留了7天之后才向都城进发的勃伽夷，应在目前的皮亚勒玛附近去寻找。我们从《大唐西域记》中得知，玄奘说勃伽夷在古代和田都城以西300里，即三天的行程。根据现在的每日行程，这个说法便使勃伽夷对应着皮亚勒玛。从地图上看，皮亚勒玛与和田之间相距48英里。如果考虑上小的歧路和部分路途上遇到的多沙地带即可说有56英里。这就与上面的描述很相符。如果汉文转写的发音近似可靠，皮亚勒玛即勃伽夷即可理解为渤海（勃野——译者），即上引《唐书》一段行纪中所说的和田以西的第二个地方。

勃伽夷有一座寺院，寺院中有一尊神奇的佛像。《大唐西域记》和《大唐大慈恩寺三藏法师传》中都用相当篇幅讲述了"闻诸土俗"的关于这座塑像的传说。曾经有一个阿罗汉的学生，住在克什米尔。他病得很重，想吃一种特殊的米饼。他的成圣的老师给他从瞿萨旦那（即和田）取来了这种米饼。沙弥吃了米饼后就祈祷转生到那个国家去。他的心愿得到了满足，再生之后做了和田的国王。后来他翻越雪山去袭击克什米尔。那位阿罗汉劝止了他与克什米尔国王之间的战争。阿罗汉给和田国王看了很久以前他做佛教徒时穿的衣裳，向他启示了他的前生，引导他停止进攻。在撤回和田以前，这位国王来到他前世供奉的佛像面前，和他的军队一起把这尊佛像请回了和田。到达勃伽夷后，这尊佛像便拒绝继续前进，因而国王就在佛像周围建了一座伽蓝，在佛像的顶上放上了他那装饰着宝石的王冠。这个王冠一直放射出明亮的光芒，玄奘达到时仍然能看到佛像顶上的光。据描述，佛像"高七尺余，相好允备，威肃嶷然"。

这个传说表明克什米尔在古远的年代向和田介绍了这种雕塑艺术。这一事实凸现出和田艺术与犍陀罗希腊—佛教艺术的无可置疑的联系渠道或渠道之一。同时，这个传说还有地形学上的价值，因为它表明，人们相信皮亚勒玛在古时候就已对从西面或南面来的人标志着和田的边界。在和田与喀拉库鲁木山口和拉达克之间最容易而实际也是被旅队唯一经常使用的道路，是通过皮亚勒玛和藏桂到桑株去的，再从那里穿过桑株达坂到达上墨玉河河谷——因为过墨玉河中段难行的峡谷的直接道路几乎无法通行，除了深冬季节能供人和不负载的牲畜通过。

至于那尊供着从克什米尔来的神奇塑像的伽蓝的位置，我说不出什么有价值的意见。我很后悔在经过皮亚勒玛时没有去调查附近地区的任何现代寺院。考虑到和田地区所表明的当地崇拜已形成的持久性，那些寺院也许能够提供一些以前的线索。当然，喀拉科尔梯木遗迹处的僧院的位置就在表明着它可能是那座伽蓝。喀拉科尔梯木与古代和田都城所在地的距离与玄奘估计的300里准确地相符。遗迹非常孤立的位置正好可以用传说中相信的奇迹自然地加以解释，因为那个奇迹使佛像被放到了路上的某个特定点上，而不顾及通常旅行者所一般遵从的路段安排。但是，因为缺乏直接证据，所有这些都仅仅是猜测而已。

经10月10日的长途旅行，我从皮亚勒玛来到和田大绿洲之内。从皮亚勒玛直到阿克兰干之间约16英里的普通行程，路线穿过绝对荒秃的平地，先是硬黄土然后是砾石地。在阿克兰干，水只能从一口很深的井中获得。在那之后有约10英里的距离，道路穿过流沙的沙丘地带。这些沙丘以通常的形状和方向构成规则的半月形。沙丘很高，达20英尺或更高，在路的南面一直延伸到很远。在这条流沙地带中间，仿佛是巨大沙海中的一个南面的港湾，旅行者来到一座叫作库木·拉巴德·帕迪夏麻扎的引人注目的寺院。它的意思是"大漠圣主墓地"。那里有一些木屋和小木棚，作为成千只鸽子的鸽巢，因此这座寺院就获得了一个流行的名称"喀普塔尔麻扎"即"鸽子的圣殿"（即鸽子塘——译者）。这些鸽子被完全驯服过，依靠旅行者的布施，和包括和田绿洲上的瓦科普土地等的宗教捐赠，来维持生活。

根据七代相沿负责这座寺院的其中一位夏伊赫的儿子告诉我，传说是这样的：这些神圣的鸽子是在伊玛目·夏克尔·帕迪夏在战斗中牺牲的时候，从他的心脏处神奇地飞出的一对鸽子的后代。战斗的双方都牺牲了几千人，无法将双方的尸体分开。在一位幸存下来的穆斯林的祈祷中，那些成为烈士的人的尸体奇迹般地集中到了一边，两只鸽子出现了，标记着牺牲的领袖的遗体。一只鸽子停在他的头上，另一只停在他的脚上。出于感恩，所有通过这条道路的旅行者都给这些鸽子提供食物：或为此带来玉米，或在寺院的商店中购买——像我为了遵从这个宗教习俗而做的那样。人们向我信誓旦旦地保证说，掠食的鸟从来没有杀死过一只鸽子，如果它们试图捕食鸽子，自己反而会因此而死去。我后来在扎瓦附近遇到一位老夏伊赫——阿合买·提夏赫，也向我讲过这个传说。据说这个传说记载于《塔特克拉赫》即"传奇"中，但我没能得到抄本。

此地与周围绝对隔绝，使得有关这一大群振翅生灵的优美传说推测变得更加令人难忘。与这种维持着它们生存、年代久远因而受到遵从的习俗对面相逢，我自然就想起玄奘告诉我们在从西面去往和田的路上有一个与此奇异地相似的当地崇拜仪式。在到达古代和田都城之前150或160英里的地方，"大沙碛正路中有堆阜，并鼠壤坟也"。

流行传说讲到这些老鼠时，说它们"鼠大如猬，其毛则金银异色"，全都跟着一个每天从洞里出来的老鼠首领。过去的时候，匈奴一位将领曾率领数十万军队劫掠边城，人们相信他是在这些老鼠坟墓附近屯兵。据故事所说，和田王只有数万兵力，准备迎敌，但因胜利无望，因此转而想到向那些神奇的老鼠祈求帮助。"其夜瞿萨旦那王梦见大鼠"，大鼠向他保证说第二天将给予援助，一定会取得胜利。因此这位国王就率领着他的部队在黎明前出击，出其不意地打败了敌人。当匈奴人匆忙应战时，"方欲驾乘被铠，而诸马鞍、人服、弓弦、甲缝，凡厥带系，鼠皆啮断"。吓坏了的匈奴人因此大败，大批士兵被杀，连首领也被杀。

瞿萨旦那王感鼠厚恩，建祠设祭，奕世遵敬，特深珍异。故上自君王，下至黎庶，咸修祀祭，以求福佑。行次其穴，下乘而趋，拜以致敬，祭以祈福。或衣服弓矢，或香花肴膳。亦既输诚，多蒙福利。若无享祭，则逢灾变。

克拉普罗斯已经注意到，这个传说和希罗多德告诉我们的在埃及边境驻扎的辛那赫利布的亚述人被摧毁的故事令人惊奇地相似。在那个故事中，田鼠也起了同样的作用，而且也是先在梦中预告。不过更加有趣的是，玄奘听到的传说意在解释的当地崇拜在同一地点一直流传至今，因为玄奘所描述的地点正对应着相对古代和田都城而言鸽子塘（喀普塔尔麻扎——译者）的位置。从约特干遗址到现在的寺院，地图上标示是24英里。如果考虑到小岔路和穿过沙地的难行路段导致的实际里程增加，就与玄奘估计的150~160里所暗示的一天半行程相符。现在的寺院仍然在"大沙碛正路中"迎接着旅行者，如同玄奘当年看到的那样。

就在紧邻寺院的东边，道路进入一片沙丘地带，沙丘间散布着无数上面长满红柳的锥形沙山。在沙漠中的这些地带，流沙如此之多，因而形成了较高的沙丘。但同时，地下水足够近，足以使红柳灌木丛把它们的根深入水中，从而在它们所附着的沙丘锥形顶上存活，这样的沙丘便成为这片地带的一个典型特征。在和田及以西的路途中，只有这一段可以看到这种奇特的沙丘，因此我毫不犹豫就将此地与玄奘所描述的"有堆阜，并鼠壤坟也"对应上了。塔克拉玛干的探索者、寻访过宽阔沙漠地带的"寻宝人"，以及往来奔驰的猎人确有机会在许多地方见到并因而熟悉这种地貌，但对于一般的只在大路上行走的旅行者和绿洲上的普通居民来说，这种现象在过去和在现在一样显得特别奇怪和令人费解。所以玄奘听到的流行传说给它们赋予了神秘的起源，也就可以理解了。

更明显的是，寺院中侍养的鸽子被所有过往的现代行人以提供食物的方式供奉。这种方式正标志着上面传说所解释的佛教时代宗教仪式的遗迹。像玄奘记载中的老鼠一样，现在这些代替了它们位置的圣鸽，也提醒人们不要忘记历史上某次伟大的胜利。所以我们不应感到惊奇，实实在在看得见，且据说有神奇来源的鸽子，代替了即使在玄奘的时代宗教迷信中也已不能装作能看见的、佛教故事中绝妙的老鼠。因为在穆斯林流行的故事中，鸽子是一种最为神圣的鸟。在清真寺和吉亚拉特（圣墓——译者），喂养鸽子的习俗在伊斯兰地区广泛流传。

以后我们还会提到无数传说，几乎每一个传说都定位在和田的某个特殊的吉亚拉特上。它们讲述的都是塔里木地区首次皈依伊斯兰的事件，而且大部分被证明是被安在了那些在佛教时代已作为崇拜和朝圣地点的地方。格热纳德搜集了很多这样的传说，对它们进行了批判性的分析。从民间故事研究和宗教史的观点来说，这些分析很有指导意义。

我在丹丹乌里克遗址的寺院遗迹中发掘时找到的绘画板中，有一个头部是老鼠、头戴王冠的形象，从一位侍从的态度可以看出它是被崇拜的对象（图31）。这些绘画无疑最初是还愿的布施。这个事实令人惊异地证明了圣鼠的传说在古代和田非常流行。这个形象代表的就是玄奘故事中提到的老鼠首领。在那个遗址中发现的绘画故事显然包含玄奘记下的每一个当地传说。在我看来，这一事实表明，圣鼠的故事，与蚕的引入和大臣自我牺牲奉献于河中女神的故事一样，是古代和田最受人喜爱的民间故事。

对我来说有意义的是，在和田地区遇到了如此鲜明的一个例子证明当地崇拜的持久性，而我后来研究所及的佛教和田的几乎

图 31　画有圣鼠头像的木板

所有圣址都显示出这种崇拜的持久性。在克什米尔和印度西北部，这种当地崇拜的持久性就曾对我大有裨益——我在那里寻找的古代佛教和印度教寺院的位置几乎总是不变地由现在的穆斯林吉亚拉特标记着——因此我把刚进入和田地区时就观察到这一现象当作一个好兆头，这大概不为过吧。

　　不过前面所述还使我得到了更令人信服的证据，证明在有史以来从西边通往和田的道路所经地带的自然条件，以及这条路本身的方向，实际上变化极为有限。这种确证也令人颇感安慰。从叶城之后，一路上我们都发现能够找到的古代遗迹离现在实际的路线仍然很近。还没有一个地方，我所见的古代标志支持着常被人重复的观点，即在最近的时期沙漠在向南挺进。在此处——道路尽头处，我们有直接证据表明，我进入和田之前所穿过的流沙的奇特沙锥地带，在玄奘的时代，也许还包括他以前的许多世纪里具有同样的自然特征。这种连续性得以证明，应该使这一地区的历史地理和古代文化的研究者深受鼓舞，因为无论经历什么样的人口、政治条件和文明的变化，自然环境和决定它的自然因素在历史时期内的变化并不会很大，以至于会严重影响从确认的古代事实中得出的结论。